CAMPAGNE DE 1870-71.

BELFORT

ET

LES BATAILLONS MOBILES

de la Haute-Saône

EXAMEN CRITIQUE DES OPÉRATIONS DU SIÈGE

PAR

J.-A. HILD

Volontaire au 4e Bataillon,
Professeur au Lycée de Vesoul.

PARIS	VESOUL
E. LACHAUD	**E. LEPAGNEZ**
ÉDITEUR	ÉDITEUR-LIBRAIRE
4, place du Théâtre-Français, 4.	8, rue du Centre, 8.

BELFORT

ET

LES BATAILLONS MOBILES DE LA HAUTE-SAONE

Une édition spéciale avec portraits sur papier de Chine a été tirée pour les souscripteurs. Quelques volumes seulement en ont été livrés au public.

VESOUL. — Typographie de A. Suchaux. — 1872

BELFORT

ET

LES BATAILLONS MOBILES

de la Haute-Saône

EXAMEN CRITIQUE DES OPÉRATIONS DU SIÈGE

PAR

J.-A. HILD

Volontaire au 4e Bataillon,
Professeur au Lycée de Vesoul.

PARIS	VESOUL
E. LACHAUD	**E. LEPAGNEZ**
ÉDITEUR	ÉDITEUR-LIBRAIRE
4, place du Théâtre-Français, 4.	8, rue du Centre, 8.

DÉDICACE.

A une année de distance, au moment de faire paraître ce livre rempli de votre glorieux martyre, ma pensée se reporte, attendrie et fière, vers vous, mes amis et mes compagnons d'armes, qui dormez du dernier sommeil dans les glacis de la Justice et des Barres. Je le dédie à vos mânes, à votre sanglante et illustre mémoire.

Officiers, sous-officiers et soldats qui avez rencontré la mort durant ce siége prolongé par vos héroïques efforts, agréez cet hommage; que vos noms, gravés au cœur de ceux qui ont admiré votre vaillance et envié votre destinée, vivent dans ces pages inspirées par vous.

Enfants de la Haute-Saône tombés pour la patrie, et vous leurs parents et leurs amis, fiers de ces grands souvenirs, ces récits vous appartiennent. En exaltant les noms de ceux qui ne sont plus, puissé-je consoler ceux qui survivent, et avec le culte des mâles vertus, leur inspirer des sentiments dignes de la France meurtrie, dignes des espérances que nous mettons dans l'avenir!

Faverney (Haute-Saône), 4 décembre 1871.

INTRODUCTION.

Dans cette funeste guerre de 1870-71 où l'honneur français subit de si rudes atteintes, où les vaincus d'Iéna dépassèrent Waterloo et firent oublier 1815, où l'aigle victorieuse dans quatre parties du monde fut traînée dans la fange, meurtrie et déshonorée, il fut donné à une faible garnison de 15,000 hommes de conserver intacte la vieille renommée de nos pères. Soldats improvisés pour la plupart, jetés par le hasard des guerres dans une forteresse frontière, ils tinrent en échec pendant trois mois et demi la science et l'organisation prussienne, conservèrent haut et ferme le drapeau de la France, et après avoir tiré le dernier coup de canon de cette sinistre campagne, défilèrent tête haute, arme au bras et canons sur affût devant un vainqueur vaincu à son tour, qui, par respect autant que par force, s'inclina devant eux et leur rendit les honneurs.

Phalsbourg, Thionville, Montmédy, Longwy, Strasbourg, Toul, Mézières, Schlestadt, Neuf-Brisach, Verdun, toutes nos forteresses de l'Est avaient capitulé. Armes et matériel, approvisionnements et munitions, corps et biens, tout avait passé sans conditions ou à peu près aux mains de l'ennemi. Metz l'imprenable, Metz la pucelle, avait reçu les Allemands dans ses murs. Paris, défendu par plus de 400,000 hommes, Paris, où étaient entassées les ressources de la France, où vivaient toutes ses gloires passées et tous ses souvenirs, Paris avait ouvert ses portes, et les voûtes de l'Arc de l'Etoile tressaillirent aux acclamations des vaincus de 1806, aux hourras vengeurs des humiliés d'Ulm et d'Iéna. Belfort seul était resté debout dans cette tempête de l'invasion et de la défaite qui l'enveloppait de toutes parts. Seul il nous rappelait, sans confusion et sans honte, Gênes et Masséna, Mayence et Custine. Et quand le dernier mot de cette guerre eut été prononcé, quand la diplomatie allemande, par une dernière victoire, eut bien dupé et bien humilié la diplomatie française dans la personne de Jules Favre, les défenseurs de Belfort purent se dire en toute vérité, et sans crainte d'être démentis par l'histoire : « Tout est perdu, fors l'honneur. »

Par quelles qualités ou quelle heureuse fortune cette faible garnison échappa au désastre universel, le lecteur le verra dans cette histoire, dans toutes celles que le même sujet a inspirées jusqu'à ce jour. Mais en quoi ce livre se distingue de ceux qui ont mis le nom de Belfort au frontispice, l'auteur croit devoir l'indiquer en peu de mots.

Ceux qui, contemplant le siége de Belfort à travers cette

auréole de grandeur et de gloire dont il resplendit autant par sa propre lumière que par l'obscurité environnante, verraient là un coin de terre privilégié d'où les petites passions, les lâchetés, les rivalités mesquines et les fanfaronnades jalouses ont été absentes, seraient dans une profonde erreur. A Belfort, comme partout ailleurs, il y a eu des chefs ignorants et prétentieux dans leur ignorance, des soldats lâches ou indisciplinés, des cœurs faibles et vides de patriotisme ; la garnison, venue un peu de partout, n'était ni meilleure ni plus mauvaise que tous ces soldats improvisés à la hâte par le gouvernement du 4 septembre.

Mais une fois que ces hommes se virent réunis dans l'enceinte de leurs murs, une fois qu'ils aperçurent du haut des remparts les troupes ennemies fermant sur eux un cercle de fer, ils apprirent dans les longues nuits de grand'garde, dans les journées plus longues encore passées sur l'affût d'un canon ou l'arme au bras à la gueule du canon ennemi, ils apprirent, dis-je, à ne plus compter leur vie pour rien, et à souffrir sans se plaindre jusqu'à l'heure de la mort ou de la délivrance.

C'est dans ce tableau d'une réunion d'hommes désapprenant chaque jour la vie et se pliant sans murmure aux exigences d'une discipline de fer, qu'est la véritable originalité, comme aussi la beauté du siége de Belfort.

Initier le lecteur à cette existence de 15,000 soldats couchés pendant trois mois tout *vivants dans leur cimetière* et fondant sous le feu comme la neige au printemps, telle est l'ambition de l'auteur.

De ce tableau il ne prétend esquisser qu'une partie, celle qu'il a contemplée de plus près, et qui a laissé dans son esprit les plus profonds souvenirs. Engagé volontaire dans un bataillon mobile de la Haute-Saône, il a assisté jour par jour à cette transformation des âmes par le patriotisme et le mépris de la mort. Une sympathique admiration pour ses anciens compagnons d'armes a été le premier mobile qui le décide à publier ces récits; mais à ce motif s'en est joint un autre modifiant le but et le ton général de l'ouvrage. Ce qui ne devait être qu'une histoire est devenu un plaidoyer; l'exposé simple et nu des faits s'est revêtu des formes de l'apologie ou du réquisitoire; les chiffres se sont transformés en arguments, et contrairement à la loi de l'histoire, l'auteur a laissé marcher sa plume au gré de la colère ou de l'admiration que lui soufflaient tour à tour les hommes et les choses.

Il doit à la vérité de déclarer qu'il le regrette; si le lecteur sévère lui en fait un reproche, il se permet de le renvoyer aux livres parus jusqu'à ce jour. L'auteur, s'identifiant avec les bataillons dont il raconte le martyre, est dans le cas de légitime défense; il est provoqué, et il riposte (1).

---

[1] 1° *Le Siége de Belfort*, par M. L. BELIN. Ouvrage impartial dans ce qu'il raconte, incomplétement renseigné d'ailleurs, surtout en ce qui concerne la Haute-Saône.

2° *Souvenirs de Belfort*, par un volontaire de l'artillerie du Haut-Rhin. Remplis d'erreurs grossières et de déclamations vides; l'auteur, qui a vu le

Ce n'est pas un des côtés les moins curieux de ce siége de Belfort que la défaveur injuste dont a été frappée une partie, la plus considérable et la meilleure, de la garnison. Tout esprit impartial et réfléchi qui, passant en revue les événements de ce siége mémorable, les apprécie à la lumière d'une saine et équitable critique, sera frappé comme nous de la fatalité qui a pesé sur la mobile de la Haute-Saône. Hautement estimée de tous au début de la guerre, considérée comme l'élément le plus sérieux de la défense, comme le corps le plus solide et le plus discipliné de la garnison, elle tomba sous le colonel Denfert dans une telle défaveur et une telle disgrâce qu'il suffisait d'appartenir au régiment de la Haute-Saône pour être traité avec rigueur et mépris. Les ouvrages publiés au lendemain de la guerre sur le rôle de la forteresse de Belfort sont empreints de l'injustice générale ; bien loin de réagir au nom de la vérité et du droit contre la passion et le parti pris, ils leur ont fourni de nouveaux aliments.

Mais comment ces quatre bataillons de la Haute-Saône, après avoir mérité l'estime et la confiance des généraux de Chargères et Crouzat, se sont vus subitement dépréciés et malmenés sous

siége dans sa casemate, accepte aveuglément et développe à sa manière toutes les diatribes à l'adresse de la Haute-Saône.

3° Le *Journal du Siége de Belfort*, rédigé par M. FAVRET. Curieux à consulter comme spécimen de l'unique littérature qui charmât nos loisirs durant le siége. Nul au point de vue historique et militaire.

4° *Histoire du Siége de Belfort*, par les capitaines THIERS et DE LA LAURENCIE. Consécration des injustices officielles, glorification sans réserve de M. Denfert et de ses acolytes. Œuvre sérieuse, imposante par le caractère de ses auteurs, et qui seule nous a fait écrire ces pages.

le colonel Denfert, comment cette troupe, vraiment solide, qui à elle seule a versé plus de sang durant le siége que toute l'infanterie de la garnison ensemble, est courbée encore à l'heure présente sous la défaveur de l'opinion et sous le blâme officiel, c'est là un mystère qu'il faut essayer d'éclaircir.

Disons tout d'abord que, dans cette décadence générale de la France à laquelle on attribue à tort ou à raison nos désastres, dans cet affaiblissement de l'esprit militaire qui a signalé notre temps, la Franche-Comté aurait marché d'un pas bien rapide, elle qui fournissait à nos armées depuis un siècle tant d'officiers intrépides, tant de soldats modestement braves et intelligents. Les descendants de Moncey, de Morand, de Pajol, de Lecourbe, les compatriotes de Clerc, tombé à Magenta, de Decaen, frappé à Metz, auraient singulièrement dégénéré de leurs gloires passées et démérité de leurs gloires présentes, pour ne plus être à Belfort qu'un rebut de garnison, une troupe chancelante portant la défaite et la honte dans ses rangs.

Mais, grâce à Dieu, il n'en fut pas ainsi ; les Franc-Comtois de Belfort surent rester dignes de leurs ancêtres, dignes de leur vieille devise (1) ; si leur courage a pu être méconnu, si des déclamations passionnées, à force d'être répétées souvent, ont pu porter atteinte à leur renommée séculaire, il faut l'attribuer à des causes exceptionnelles qui ressortiront plus vivement à chaque page de ces récits, mais qu'il est intéressant de résumer dès le début.

[1] — Comtois, rends-toi!... — Nenni, ma foi!...

La première de ces causes est dans le caractère même et la nature du Franc-Comtois, en particulier du Franc-Comtois de la Haute-Saône. Calme, réservé et circonspect par finesse autant que par modestie, rarement il parle de lui-même ; attentif aux ridicules d'autrui, il craint par-dessus tout d'être remarqué dans les siens. Jamais, ni dans sa démarche ni dans sa conversation, de ces élans enthousiastes ni de ces poses théâtrales dont poètes et artistes ont embelli les héros. La simplicité est le fond même de son caractère ; et s'il fallait, par un mouvement oratoire ou un geste dramatique, se placer entre le sublime et le ridicule, le Franc-Comtois renoncerait à être grand dans la crainte de paraître excessif. Ce n'est pas lui qui ameutera la foule au coin d'un carrefour, et s'enflammant au récit de ses propres exploits, cherchera à s'imposer aux imaginations et à se faire valoir par le discours. Le devoir lui apparaît comme chose si simple, si ordinaire, qu'il l'accomplit sans ostentation, et reste un héros sans le savoir. Qualité excellente, mais qualité négative lorsque les hommes sont estimés moins par ce qu'ils ont fait que par ce qu'ils racontent. En un mot, il ne veut pas et ne sait pas se faire valoir. Les gens du métier n'auront pas de peine à me comprendre : vaincus ou vainqueurs, les soldats de la Haute-Saône n'ont su ni poétiser leurs défaites ni exalter leurs victoires ; ils en ont parlé avec une telle indifférence apparente, avec une si sereine tranquillité, qu'on les a crus sur parole. Il était évident que des gens aussi peu émus n'avaient rien fait que d'ordinaire : les héros ont une tout autre allure.

Ajoutez à cela qu'à leurs côtés combattait la mobile du Rhône, les enfants de Lyon et de Tarare. Expansifs et turbulents autant que les paysans franc-comtois étaient taciturnes et réfléchis, ces voisins de la Provence au brillant langage entendaient à merveille la bruyante propagande de leurs propres mérites. Ils n'avaient pas tiré un coup de fusil ni entrevu le profil de quelque uhlan à l'horizon sans que, par les rues et sur les places, dans les cafés et chez les journalistes, l'aventure ne fût contée, idéalisée, sans que tous les moyens de publicité ne répétassent les détails vrais ou rêvés de quelque grand fait militaire.

Ces récits, colportés avec une persistance merveilleuse, confirmés par le modeste sourire de ceux qui, sans y croire, en retiraient gloire et profit, s'infiltraient dans l'opinion vulgaire, parvenaient aux oreilles du commandant supérieur, complétaient et justifiaient des rapports adroitement modérés, et somme toute, constituaient une épopée aussi poétique pour le moins que l'*Iliade* d'Homère.

Si l'on tient compte des rivalités et des jalousies qui devaient naître entre deux corps d'un caractère aussi divers et de nationalité différente, on comprendra comment la réputation de la Haute-Saône fut opprimée et comme écrasée par la propagande lyonnaise ; comment il arriva souvent que, dans des combats où les deux provinces étaient également engagées, les succès des uns furent ou méconnus ou attribués aux autres. C'est ainsi, nous le démontrerons, que le colonel Denfert lui-même attribue aux combattants de Roppe (2 novembre 1870) les efforts des vaincus de Grosmagny : il était naturel de proportionner les mérites aux discours et les récompenses aux rapports.

Mais ces raisons ne suffisent pas à expliquer seules la défaveur où tombèrent peu à peu les bataillons de la Haute-Saône. Il n'est pas admissible que les *racontars* de carrefour et les déclamations de brasserie aient ainsi compromis non-seulement devant l'opinion, mais devant le juge compétent et éclairé, la réputation de tout un régiment, sans que des motifs plus sérieux n'y aient fourni un prétexte ou donné quelque appui. Ici je m'adresse aux âmes véritablement militaires, à la masse de ceux qui, dans cette funeste campagne, ont senti leur courage aux prises avec le malheur, et dont les patriotiques efforts ont échoué contre cette fatalité des batailles, mystérieuse divinité qui dispense plus que tout le reste le succès ou le revers (1). Eh bien, oui, la Haute-Saône a eu des affaires malheureuses; elle a été, dès les premiers jours du siége, je ne dirai pas sacrifiée, mais exposée dans des situations périlleuses où l'infériorité numérique, les obstacles matériels de la position, la mauvaise volonté ou l'incapacité de ceux qui, sans avoir le rôle principal, étaient chargés de concourir aux opérations, lui valurent des défaites ou lui arrachèrent la victoire. Grosmagny, Bessoncourt, le Mont, journées de douloureux souvenirs,

---

[1] *Fortuna..... quæ penè omne ducit suum.* [Cicéron, *Pro Marcello.*]

où le sang de nos frères d'armes coula à flots pour la patrie, mais, quoi qu'en aient dit l'envie et l'injustice, journées glorieuses pour la jeunesse de notre département, glorieuses par l'acharnement apporté dans la lutte, par le calme et l'abnégation que devant la mort montrèrent ces soldats d'un jour, par les grandes et nobles victimes tombées dans nos rangs, par les cadavres ennemis qui ont jonché la terre !

Le lecteur lira le récit de ces combats, les plus sanglants du siége, et en toute connaissance de cause, par la seule éloquence des chiffres et le simple exposé des faits, viendra à s'incliner devant ces vaincus illustres, à saluer en eux le vrai courage trahi par le malheur.

Echecs inévitables et glorieux, habilement exploités par des rivalités de régiment, telle fut la première cause de notre disgrâce. Une fois cette idée lancée dans la population civile et dans la garnison : les soldats de la Haute-Saône ont été battus, donc ils sont détestables, elle y prit la persistance et l'évidence d'un axiome. Soldats et officiers eurent beau redoubler d'abnégation et de patriotisme, déployer devant les mille dangers du bombardement, dans les casernements les plus exposés de la place, un sang-froid et une insouciance dignes des meilleures troupes, la défaite eut beau éprouver tour à tour les troupes réputées les plus solides de la garnison, compromettre le 84e de ligne dans les Grands-Bois, livrer à l'ennemi Danjoutin avec toute la garnison que commandait un brillant officier de notre armée régulière ; les éclaireurs du 4e bataillon de la Haute-Saône à Bellevue, le 2e bataillon du 57e à Pérouse, le 4e bataillon à Essert, eurent beau faire preuve des qualités les plus solides pendant la période la plus animée du siége, notre réputation était perdue ; elle l'était si bien qu'on attribuait à d'autres nos maigres succès, qu'on nous contestait même les glorieux martyrs frappés dans nos rangs (1).

A Dieu ne plaise que nous fassions remonter au colonel Denfert et à son entourage ce dédain injuste et odieux qui nous poursuivit à Belfort et dont l'auteur de ce livre prétend venger ses compagnons d'armes ! Mais comment n'être pas attristés, indignés en songeant que le gouverneur ne fit rien pour détromper l'opinion ; que par son silence, sa froideur, sa dureté peut-être, il sembla encourager les calomnies dont nous étions les victimes, et qu'aujourd'hui, dans cette histoire du siége écrite sous son contrôle, il ne se rencontre pour nous ni un éloge ni même une consolation ?

N'a-t-il jamais réfléchi, durant ce siége si fertile en leçons éloquentes, qu'en laissant ainsi, en dépit du droit et de l'équité, déshonorer, insulter une partie considérable de sa garnison, il la poussait au désespoir par la conviction de se voir sans cesse méconnue ; que la lâcheté dont nous étions indignement accusés pouvait trouver un prétexte à se produire ; et qu'enfin, fussions-nous les meilleurs soldats du monde, il nous rédui-

____

[1] Voir le récit de Bessoncourt par l'artilleur du Haut-Rhin dont il est question plus haut.

sait à l'apathie et à l'indifférence en ôtant au courage la plus puissante des excitations, l'amour de la gloire et l'estime du monde?

Qui se douterait, en lisant l'ouvrage des capitaines Thiers et de la Laurencie, que l'artillerie du château, cette artillerie dont on raconte avec raison tant de merveilles, fût presque exclusivement servie par des mobiles de la Haute-Saône; que la batterie de campagne sous les ordres du capitaine Verchère eût emprunté à notre régiment ses meilleurs canonniers; qu'enfin les conducteurs qui, sous le feu de l'ennemi, accomplirent la tâche périlleuse d'approvisionner nos redoutes et nos forts avancés, appartinssent encore pour la plupart à notre département? De tout cela il n'est point question, ni dans les ordres dictés durant le siége, ni dans le récit officiel publié depuis lors. Bien plus, l'auteur ou plutôt les auteurs de ce livre ne perdent aucune occasion, fût-ce la plus futile, de faire sentir leur mécontentement, je dirai presque leur mépris aux mobiles de la Haute-Saône, tandis qu'avec une paternelle indulgence ils excusent ou dissimulent jusqu'aux fautes les plus graves des soldats lyonnais.

. Un exemple entre vingt : en même temps qu'aux officiers du vallon (1er bataillon – Gray) on reproche durement de se chauffer par vingt degrés de froid avec le seul bois qu'ils trouvaient (l'Administration ayant cessé d'en distribuer), on garde le silence sur des désordres bien plus sérieux qui se passaient à la gare.

L'auteur a sous les yeux une dépêche du commandant supérieur au lieutenant-colonel Desgarrets (8 janvier, 11 heures 50' du soir), où il est dit que les Prussiens s'apprêtaient à attaquer la gare, parce qu'ils savaient que le commandant de X... et les officiers du 65e (Rhône) passaient la nuit à jouer, et sans doute le jour à prendre du repos.

Il n'est point de chapitre dans cette histoire, contrôlée par le colonel Denfert, qui n'offrît matière à des observations semblables ; et plus d'une fois, dans le cours de notre récit, nous serons contraint de les faire au lecteur.

Faut-il croire, avec certains esprits disposés à expliquer les plus graves résolutions et les événements les plus considérables par des raisons personnelles, que la mobile de la Haute-Saône dut sa défaveur non à elle-même, mais à des considérations de personnes ; d'aucuns disent à des considérations de politique et de système ? Faut-il rapporter à la même cause notre disgrâce à nous et l'injustice souveraine qui, de l'histoire du siége, efface les noms respectés de M. Jacquemey, colonel commandant la place, et de M. le chef d'escadron Bouquet, commandant l'artillerie ?

Pouvons-nous enfin n'être pas étonné de ces témoignages de sympathie profonde donnés depuis par le colonel Denfert à la démocratie avancée, lorsqu'il est manifeste que le département de la Haute-Saône répugnait de tous temps aux opinions extrêmes ? L'auteur ne veut point discuter ces idées cent fois émises autour de lui. Il paraît tellement étrange que des questions politiques aient été mêlées à cette histoire d'une opération militaire, que toute insinuation de ce genre doit être acceptée avec la réserve la plus extrême. Comme il nous semble souverainement ridicule de plaider notre cause par des motifs semblables, nous jugeons qu'au cœur de ces hommes qui nous ont fait subir leur appréciation injuste, il y avait peut-être moins de passion que d'erreur. Aux hommes impartiaux de voir si ces motifs n'ont pas pesé sur l'équité du colonel Denfert, quand il laissa sacrifier la mobile de la Haute-Saône à celle du Rhône. Si l'auteur se trompe dans ses appréciations, si ses suppositions sont hasardées et dénuées de fondement, il demandera à ses contradicteurs une solution plus probable du problème : la Haute-Saône a été indignement calomniée et sacrifiée ; pourquoi?

Quoi qu'il en soit, ces récits mettront dans une pleine lumière ces deux faits de notre histoire départementale : les quatre bataillons de la Haute-Saône ont été à la hauteur des meilleures troupes de la garnison ; ils ont été en même temps l'objet de toutes les humiliations, de toutes les calomnies.

Il importe peu à notre honneur d'en savoir au juste le motif. Aux auteurs de l'injustice de l'expliquer s'ils le peuvent ; à nous, qui l'avons subie, de la rendre évidente.

C'est le but auquel ce livre s'efforcera de répondre.

L'auteur ne se dissimule pas qu'il a entrepris une tâche pénible. Quoique rentré dans la vie civile depuis la guerre, il ne croit pas qu'il puisse impunément, aux yeux de l'opinion, censurer les actes d'un homme qui fut son chef. Mais ce qu'il affirme avec la conscience de ne mentir ni à autrui ni à lui-même, c'est qu'il donne au public non une œuvre de parti ou de récrimination intéressée, mais un livre sincère et de bonne foi. Il n'a épousé ni rancunes ni colères personnelles ; il proteste d'avance contre toute insinuation qui mettrait en doute sa loyauté, son désintéressement d'historien.

Désigné en quelque sorte par la confiance de ses anciens camarades qui sont venus lui demander ce livre et en ont fait les frais, il n'a pas voulu se soustraire à ce dangereux honneur. Il l'a accepté non sans hésitation, mais avec la résolution iné-branlable de ne servir que la vérité et la justice. En même temps, il acquitte envers le département de la Haute-Saône une dette de reconnaissance.

Alsacien exilé par la guerre, il a trouvé au milieu de ses frères d'armes une patrie nouvelle qui lui fait attendre, sans trop de peine, la résurrection de la véritable.

Raconter à la France comment on endure les grandes épreuves, comment on accomplit les grands exploits, c'est d'ailleurs, pour notre modeste part, travailler à l'avenir et préparer la revanche.

Et facere et pati fortia.....

A. H.

Décembre 1871.

CHAPITRE Ier.

Organisation des bataillons de la Haute-Saône. — Départ pour Belfort. — Premières étapes.

Le ministère Ollivier *au cœur léger*, en convoquant, à la date du 28 juillet 1870, les gardes mobiles de l'Est, sacrifiait à l'opinion défiante de quelques-uns, et n'appelait au service actif ces conscrits de la dernière heure qu'avec l'espérance de ne les employer jamais.

On sait le ton de facétieuse confiance avec lequel le maréchal Lebœuf parlait devant nos Chambres, quelques mois à peine avant la déclaration de guerre, de ces 300,000 soldats dont le prévoyant esprit du maréchal Niel eût fait une armée véritable, que la vanité routinière de son successeur dédaigna comme inutiles.

Le décret de convocation, quoique rendu au mois de juillet, ne devint exécutoire qu'après nos premiers désastres.

La fatale nouvelle de Wissembourg et de Reichshoffen trouva la mobile de la Haute Saône entassée dans la ville de Vesoul, sans vêtements, sans armes, sans instruction militaire, se demandant à elle-même pourquoi elle encombrait de sa masse désordonnée les rues de cette ville, et dépensait dans une énervante inaction l'énergie et la force morale que réclamaient les dangers de la France.

Près de 5,000 jeunes gens venaient d'être arrachés à l'agriculture, entre la moisson et les vendanges, au moment où, dans le département, les travaux des champs réclamaient tous les bras; il eût fallu dès les premiers jours, à cette foule effarée, avec une inflexible discipline, les occupations réglées de la vie militaire. Au lieu de cela, ces soldats d'un jour allaient se trouver abandonnés à eux-mêmes, s'embarrassant les uns les autres à cause de leur nombre, se consolant dans les tavernes de cet accroc de leur existence. Couchés sur un peu de paille, les uns au quartier de cavalerie, dans les écuries non moins que dans les chambres, les autres dans le bâtiment de la halle, ils commençaient l'apprentissage du métier par son côté le plus dur et le plus rebutant.

L'autorité militaire était sans action, car la mobile ressortissait au ministère de l'intérieur. Le préfet, agent politique et commissaire de surveillance plutôt qu'homme d'action, ne voyait pas sans une certaine inquiétude l'agitation inaccoutumée qui troublait le repos de la cité. Les esprits les plus ardents s'organisaient en comité, votaient des résolutions et demandaient des armes; le pouvoir défiant promettait toujours et les armes n'arrivaient pas. On sentait passer dans l'air comme un souffle de désorganisation morale, avant-coureur de l'orage qui fondit sur la France après la chute de l'empire et qui entassa ruines sur ruines.

Les mots de levée en masse, d'armées révolutionnaires, se répétaient tout haut ; à travers cette sombre inquiétude dont nos premiers désastres avaient rempli les cœurs, jaillissaient comme des éclairs les passions républicaines d'un autre âge ; l'astre impérial pâlissait à l'horizon, et les uns avec espoir, les autres avec épouvante, entrevoyaient une révolution au bout de nos défaites.

Dix jours se passèrent ainsi, dix jours d'anxieuse espérance et de cruelles déceptions ! La victoire attendue ne s'annonçait pas. Après les défaites de Wœrth et de Forbach, les légendes de Borny, de Gravelotte, des carrières de Jaumont.

Sous les obus prussiens Strasbourg brûlait et croulait ; Mac-Mahon s'apprêtait à joindre Bazaine ; Bazaine lui-même, après de glorieux et sanglants combats, refoulé sous Metz, se débattait en vain dans l'étreinte formidable de Frédéric-Charles.

La vieille armée de l'empire, victorieuse dans les quatre parties du monde (Proclamation de Napoléon III), se disloquait sous les revers ; et, devant toute cette jeunesse ardente répandue dans les villes et demandant des armes, l'on se prenait à songer que bientôt elle serait la seule armée de la France, chargée de relever son prestige militaire et de parer aux conséquences d'une guerre malheureuse.

A Vesoul, malgré la proximité de la frontière et la perspective d'une invasion possible, toutes ces idées s'agitaient dans un calme relatif.

Le caractère posé des paysans de la Haute-Saône semblait éloigner les craintes politiques qui faisaient hésiter le Gouvernement devant l'organisation de la défense nationale. Mais, soit appréciation défectueuse de l'esprit général, soit incurie et négligence, la mobile de la Haute-Saône resta sans destination et sans direction sérieuse jusqu'après le 20 août, lorsqu'enfin quelques envois de fusils calmèrent les inquiétudes et firent croire à un effort depuis longtemps attendu.

Les cadres de sous-officiers furent habillés à la hâte; deux bataillons sur quatre reçurent des armes, et le 25 août nous fûmes dirigés vers Belfort.

Lorsqu'on apparut en face de la grandiose et redoutable forteresse, il n'en est pas un de nous qui ne sentît la plus inébranlable confiance raffermir son âme, qui n'envisageât tranquillement l'avenir.

En arrivant à Belfort par la ligne de Paris, au moment où la voie ferrée, contournant la pointe nord du Salbert, débouche en avant du Valdoye dans la plaine où s'élève la forteresse, la ville et les remparts se découvrent tout à coup dans leur sombre majesté.

A l'est, barrière insurmontable jetée par la nature entre l'Allemagne et la France, se dresse la noire ligne de rochers que couronne le château à son extrémité sud; puis, sur les pentes nord, la Justice et la Miotte. Comme un mât à l'avant du navire immense, se découpe dans le ciel l'observatoire de ce dernier ouvrage, d'où le regard embrasse un vaste horizon.

De cette ligne de défenses descendent vers la ville, pour l'envelopper de toutes parts, les fortifications du camp retranché, l'ouvrage à cornes de l'Espérance, et l'enceinte proprement dite, au pied de laquelle coule la rivière de la Savoureuse.

A l'ouest, bifurqués en trois artères principales, s'étendent, comme le trop-plein de la petite cité, les faubourgs des Ancêtres, de France et de Montbéliard. Le fort des Barres et les fortifications récentes qui complètent ce fort les dominent de leurs glacis de terre jaunâtre et de leurs énormes cavaliers.

La mobile de la Haute-Saône, jetée dans les murs de la forteresse, n'en devait plus sortir que pour occuper des cantonnements peu éloignés; désormais l'histoire de nos quatre bataillons est inséparable de l'histoire de Belfort.

Cette garnison avait le grave inconvénient de retenir ces conscrits au seuil de leur foyer. Il faut bien le dire, le temps n'est plus où les mères exhortaient leurs fils à bien mourir et comptaient avec orgueil les blessures reçues en face : *adverso pectore.*

La proximité de la famille n'exerce plus sur le soldat qu'une influence énervante et corruptrice par les regrets qu'elle soulève, les affections qu'elle ravive et l'image toujours présente d'un avenir à conserver, d'une vie à sauver pour les mille jouissances que le contraste rend plus précieuses et plus séduisantes. Cela est vrai surtout quand le soldat quitte la vie aisée et facile pour se trouver sans transition en face de toutes les privations, de toutes les misères.

Le paysan de la Haute-Saône, grâce à la richesse de ses magnifiques campagnes, apportait dans la vie militaire un amour du bien-être poussé à de redoutables limites.

Dans les premiers temps, la faiblesse des parents suppléait à l'insuffisance de la solde et du régime par le sacrifice de quelques modestes épargnes. La quantité des mandats qui, toutes les semaines, défrayaient les dépenses de nos conscrits était prodigieuse, et les vaguemestres pouvaient à peine suffire à la besogne. Tout cet argent arraché à la terre au prix de mille fatigues est venu s'entasser aux mains des cabaretiers et des israélites de Belfort. Comme bien on pense, l'œuvre de la discipline en devint plus pénible, et, ce qui n'étonnera personne, la santé des troupes fut vivement affectée.

La dyssenterie, ce fléau des rassemblements d'hommes qu'un régime simple et réglé ne vient pas endurcir aux privations, fit son apparition, et ne cessa d'étendre ses ravages, jusqu'à l'époque de l'investissement, jusqu'à la suppression forcée des excès et l'introduction de la vie régulière.

Les continuelles visites que venaient rendre à leurs fils et à leurs frères les habitants de la Haute-Saône étaient par elles-mêmes d'une nature peu salutaire. Plus d'une fois elles semèrent le découragement, l'indiscipline, et firent regretter aux esprits réfléchis que nos bataillons n'eussent pas reçu une destination lointaine.

Mais des inconvénients plus graves, inhérents à l'organisation de la mobile en général, entravaient les progrès de la discipline et de l'instruction militaire : et d'abord la formation des bataillons par arrondissements, des compagnies par cantons.

Dans les républiques anciennes, où la seule religion comprise et pratiquée par tous était la religion de la patrie, les soldats étaient groupés en prenant pour point de départ la division territoriale. Les législateurs ne supposaient pas qu'en face du premier devoir, il pût se produire des révoltes coupables ni de lâches défections. Les guerriers se connaissaient les uns les autres, s'observaient et s'encourageaient mutuellement ; ceux qui s'étaient coudoyés dans la ville ou rencontrés aux champs se retrouvaient côte à côte le jour de la bataille, et cette fréquentation continue profitait au courage, bien loin d'en arrêter l'essor.

Dans notre France moderne, où les consciences abâtardies par des devoirs imaginaires ne savent plus comprendre les véritables, deux hommes qui se connaissent de longue date, à moins d'avoir reçu cette éducation libérale qui élève les âmes, s'exhortent à la lâcheté et se moquent du courage comme d'une utopie.

Dans cette voie de démoralisation où trébuchent les peuples modernes, le paysan, comme plus ignorant, marche au premier rang. Tout auprès de lui nous comptons ces fils d'une bourgeoisie efféminée, faibles de constitution morale, habitués à éviter à prix d'argent les épreuves de la vie et les grands devoirs, vieillots et peureux par amour des jouissances, estimant le repos comme le premier des biens, et sacrifiant toutes choses à cette idole.

Les âmes généreuses, celles qui prononcent avec amour les grands noms de patrie et d'honneur, celles qui savent abandonner à la destinée leurs affections et leur vie s'il est nécessaire, mais qui veulent avant tout se respecter elles-mêmes, sont en petit nombre.

Il s'ensuit que, dans une réunion d'hommes appelés à combattre pour la patrie, la plupart songent à sauver la vie, qui est le premier bien ; quelques-uns, tout bas et isolés dans leur coin, pensent à l'honneur et au devoir.

A cet affaiblissement de l'esprit moral il n'y a qu'un remède, l'esprit de discipline ; tandis que l'être moral est vertueux, grand et magnanime par conviction, l'être discipliné l'est par force. L'un et l'autre suivront les mêmes sentiers ; celui-là, d'un pas alerte et joyeux, courant au-devant des injonctions de la conscience, et trouvant sa récompense à leur rester fidèle ; celui-ci péniblement poussé et contraint, par la tyrannie de l'inflexible discipline.

Mais cette obéissance passive qui tient lieu de patriotisme aux masses ne s'obtient pas sans lutte ; elle doit être le fruit de toute éducation militaire, et s'appuyer sur le renoncement absolu de l'individu au profit de la cause que personnifie le chef (1). Se taire avec ses égaux, s'incliner devant ses supérieurs, sont les conditions de toute discipline, et ces conditions ont fait défaut à la mobile dans ses débuts.

Comment se taire avec le camarade d'enfance qui, jusqu'à cette heure, a été au village le confident de tous les secrets et le compagnon de toutes les aventures? Les tristes réflexions qui bouleversent ces soldats d'un jour se communiquent et s'enflent; chacun trouve dans son voisin l'écho de sa propre faiblesse; c'est une démoralisation générale. Comment s'incliner devant les supérieurs? Dans l'armée, le sous-officier, gardien de la discipline, remplit auprès du troupier un rôle que n'a point le sous-officier de la mobile. Sauf le sergent-major et le sergent instructeur, que l'appât d'un traitement gagné sans trop de peine a ramenés vers la vie militaire, sergents et caporaux sont les camarades du soldat, et restent désarmés en face de l'indiscipline.

Relations de famille et d'affaires, inimitiés de clocher et brouilles électorales, tout tend à rendre au sous-officier sa position intenable. Honoré d'un galon sur sa bonne mine ou sur une recommandation influente, il ne se sert de l'autorité ainsi usurpée que pour entraver l'œuvre de la discipline, favoriser ses camarades et leur rendre plus facile l'existence.

Et l'officier, qu'est-il en présence d'une situation semblable?

[1] De ces seules considérations morales nous concluons que la levée en masse d'une nation pacifique ne peut aboutir qu'à des désastres sans nom, à d'inutiles massacres.

Quelquefois un sous-officier renforcé. A la formation de la mobile, grand nombre d'officiers retraités sollicitèrent l'emploi de capitàine; que plusieurs y furent décidés par le traitement attribué à ce grade, les nombreuses démissions données au moment de la guerre en sont la preuve.

Ceux qui restèrent à leur poste formèrent, avec les rares officiers détachés de l'armée régulière, le seul élément sérieux de la mobile. Ils y apportaient les notions de l'esprit militaire, les traditions de la vieille armée française, les habitudes d'obéissance et de discipline, enfin, ce qui s'acquiert plus aisément, la connaissance des manœuvres et de l'administration.

Toutes ces qualités, si précieuses dans la vie de garnison régulière, étaient insuffisantes devant les fatigues et les privations d'une campagne où rien ne remplace la santé et la vigueur corporelles.

C'est ce qui manquait le moins aux officiers de la mobile proprement dits. Si nous exceptons quelques notabilités belliqueuses, fières d'endosser l'uniforme et d'accepter dans la force de l'âge un commandement où ils rendirent les plus illustres services, la plupart des officiers de mobile étaient pris dans les rangs mêmes de la troupe, non pas après examen, comme il était possible et juste de le faire, mais par faveur et sans discernement.

Cette violation de la loi fondamentale d'égalité ne devait profiter ni à la discipline ni à la science militaire. Le soldat ne voyait pas sans une jalousie légitime l'heureux aristocrate de la fortune ou du nom moissonner de prime abord, avec un joli traitement, des galons sur toutes les coutures, tandis que lui, plébéien disgrâcié, mangeait à la gamelle et touchait deux sous par jour.

Pour se faire pardonner son élévation, l'officier avait besoin de toute son indulgence : ici encore la discipline payait les frais (1).

Quelques-uns, se jetant dans l'excès contraire, affectèrent la rigidité des vieux militaires, et ne réussirent qu'à se rendre ridicules. Un petit nombre seulement sut conserver dans l'exercice du commandement cette fermeté modeste et intelligente qui, peu à peu, les fit accepter par les troupes et leur conquit auprès d'elles l'autorité nécessaire.

A ces trois catégories d'officiers il faut en ajouter une quatrième composée d'anciens sous-officiers libérés du service, et que leur connaissance du métier rendait précieux au début.

Mais s'il est vrai que dans l'armée régulière la classe des parvenus trouve difficilement grâce devant les élèves de l'école, dans la mobile, où le corps d'officier était aristocratique par excellence, ces vieilles moustaches, aux allures triviales et au langage coloré, eurent quelque peine à se faire bien venir.

En un mot la mobile, telle que l'avait constituée sur papier quelque fonctionnaire obscur du ministère, était bien, dans la

[1] La République crut supprimer ces inconvénients en faisant nommer les officiers à l'élection. Est-il besoin de dire que de deux maux celui-ci est encore le pire?

réalité, la bigarrure et la confusion la plus parfaite qu'on puisse rêver.

Le contingent de la Haute-Saône, composé des classes de 1865 à 1870 inclus, d'un effectif de plus de 5,000 hommes, forma quatre bataillons, dont les trois premiers répondaient aux arrondissements de Gray et de Lure, tandis que le quatrième comprenait l'arrondissement de Vesoul, moins les cantons de Jussey et d'Amance. Chaque bataillon était de huit compagnies, fortes de 150 à 200 hommes (1).

Le ministère Palikao, pour organiser ces éléments, envoya à Belfort un homme qui laissa parmi nous un sympathique et respectueux souvenir.

Le lieutenant-colonel Sautereau, du 70ᵉ de ligne, apporta à la tâche pénible qui lui était confiée le caractère du plus parfait gentilhomme uni aux plus solides qualités militaires. Il sut à la fois tenir haut et ferme les principes d'une bonne discipline, et tempérer par une sorte de bienveillante condescendance ce que le métier offrait de rebutant à des recrues de notre espèce.

Peu à peu, de ce chaos informe d'officiers disparates, de cadres ignorants et de soldats indociles on vit sortir une troupe homogène, où les uns par conviction, les autres par force, tout le monde par l'irrésistible influence de l'exemple

[1] Voir à la fin du volume le tableau des quatre bataillons de la Haute-Saône, par compagnies, avec le nom des cantons et des officiers, tels qu'ils se trouvaient constitués au lendemain du siége.

venu d'en haut, finit par se plier aux exigences du service, par s'inspirer du véritable'esprit militaire.

Les trois premiers bataillons formèrent le 57e régiment provisoire, et furent placés sous le commandement supérieur de M. le commandant Fournier, du 4e bataillon, élevé au grade de lieutenant-colonel. M. Fournier, qui, dans notre armée de ligne, de simple volontaire était parvenu au grade de major, était désigné à ce choix honorable autant par la droiture et l'honnêteté de son caractère que par ses capacités administratives et son activité infatigable. Les trois bataillons sous ses ordres étaient commandés, le premier, par M. Petitguyot, de Gray, qui suppléait à l'inexpérience des choses militaires par un dévouement sans réserve; le second, par M. Lanoir, capitaine de cavalerie de la plus haute distinction, qui devait tomber bientôt victime de son courage; le troisième, par M. Vivenot, que des qualités exceptionnelles réservaient dans cette guerre à un rôle plus important.

M. Fournier fut remplacé au commandement du 4e bataillon par M. Chabaud, chef d'escadron en retraite, un des plus brillants officiers de notre cavalerie africaine, ami particulier du ministre comte de Palikao. Le 4e bataillon dut au rang et aux capacités de son chef de n'être pas enrégimenté durant le siége et de vivre d'une existence indépendante. M. Chabaud profita de sa situation pour introduire dans toutes les parties du service cette régularité et cet ensemble qui sont les marques distinctives des bons régiments.

Le même conseil administrait les quatre bataillons ; le fardeau n'était pas mince. A ce conseil incombait le soin d'armer et d'équiper ces 5,000 hommes arrivés à Belfort sans vêtements, sans chaussures, pourvus de fusils à tabatière, dont une bonne partie était hors de service, privés des accessoires d'équipement et de campement les plus élémentaires. Le département s'était chargé de la confection des vêtements. Pour tout expédier plus rapidement, on inventa l'ignoble chiffon qui s'appelle vareuse, et, pour dépenser moins, le pantalon en drap brûlé et les souliers en carton (1). Il n'était venu à l'esprit de personne que des soldats équipés fin d'août ne seraient prêts à tenir la campagne qu'aux froids. Il faudra bientôt que le pauvre troupier marche et couche dans la neige, qu'il veille des nuits entières aux grand'gardes et sur les remparts. Combien j'en ai vu de ces mobiles de Belfort grelotter sous leur vareuse pendant les longues factions d'hiver, s'entortiller dans leur demie-couverture qui leur a servi pendant huit mois tour à tour de manteau et de lit. Ce qu'il y a eu ainsi, par la faute de nos organisateurs, de souffrances endurées pour la patrie, Dieu seul peut le savoir !

Cet habillement insuffisant rendit la tâche du conseil d'administration, si lourde par elle-même, doublement difficile. Les troupes, en effet, étaient habillées au sens réglementaire ;

[1] L'opinion publique a fait retomber sur la délégation de Tours la responsabilité de ces équipements de pacotille ; il est juste de remarquer que nous fûmes habillés et armés sous l'empire ou par ses fonctionnaires. La plaie était générale.

en réalité, elles ne l'étaient pas. Une fois que, renfermés dans l'enceinte de nos murs, nous nous vîmes réduits aux ressources de la place, il n'est point d'expédient qu'il ne fallût inventer pour adoucir les misères du soldat et subvenir à son état de délabrement extrême.

Le capitaine Trousson, du 53e de ligne, détaché à la mobile de la Haute-Saône, fut chargé de ce service, et s'y dévoua avec une abnégation et une intelligence qui lui ont acquis la sympathie générale. Nous le verrons à l'œuvre pendant la dure période du bombardement.

Les armes répondaient au vêtement : du fond des arsenaux avaient été tirés à la hâte des fusils transformés du modèle 1868, sans avoir été repassés et mis en état. De nécessaires d'armes et de pièces de rechange il ne fut point question d'abord, et lorsqu'au mois de septembre on incorpora dans une colonne mobile destinée à surveiller les Prussiens en Alsace le 4e bataillon de la Haute-Saône, il fallut échanger la moitié des fusils avec un autre corps pour ne pas marcher désarmés à l'ennemi.

On était parvenu toutefois, vers cette époque, à donner à la mobile quelque apparence militaire; à ne considérer que le dehors, nous étions des troupiers passables, auxquels il manquait le sac et l'uniforme pour être jugés parfaits.

Au fond, c'était différent; l'esprit de corps et de discipline n'avait pu jeter encore des racines profondes. Il fallait une âme à cet assemblage, cette âme des régiments qui est faite d'obéissance, de patriotisme, de confiance réciproque, qui se développe, se fortifie à travers les combats et les périls, s'échauffe aux rayons de la victoire et vit de traditions : le siége allait nous la donner.

L'organisation de l'infanterie ne fut pas le seul souci du gouverneur de la place; il s'agissait en même temps de préparer des artilleurs pour le service de ces trois cents pièces qui, d'un jour à l'autre, pouvaient être appelées à entrer en ligne.

Nous possédions, il est vrai, un excellent noyau d'artilleurs du 12e et du 7e régiments, officiers et cadres, mais peu de servants.

La mobile du Haut-Rhin, concentrée à Belfort au premier jour d'août, avait fourni l'effectif de trois batteries, qui faisaient, au bout d'un mois, assez solide figure ; on espérait qu'avec de la bonne volonté et du travail, ces canonniers improvisés ne tarderaient pas à rendre des services sérieux, et à remplacer sans désavantage ceux que la Prusse bloquait dans Metz ou capturait à Sedan.

La Haute-Saône participa pour une large part à la formation de cette artillerie de siége. Vingt hommes par compagnie, les plus robustes et les plus intelligents, furent détachés et mis en subsistance dans les batteries du 12e et du 7e casernées au Château.

Sous l'énergique direction du colonel Crouzat, commandant

en chef de l'artillerie de la place, grâce au zèle, au dévouement et à l'activité des officiers inférieurs, parmi lesquels il convient de citer M. de la Laurencie, les progrès de ces jeunes gens furent rapides. Travaillant sans cesse et parlant peu, au rebours d'une certaine infanterie vantarde et tapageuse, ils se préparaient à jouer pendant le siége le principal rôle. Avec les témoignages flatteurs de MM. Bouquet (1) et de la Laurencie, ils ont su mériter ceux des Prussiens eux-mêmes; dans le plus populaire des récits allemands de cette campagne, il est dit que leur tir, si précis et si réglé, a soulevé chez l'assiégeant, qui en était la victime, comme une sorte de joie et d'admiration (2).

Le lecteur fera plus ample connaissance avec cette troupe d'élite, lorsqu'enfin ses canons installés sur les remparts, porteront nuit et jour la mort dans les rangs ennemis.

A peine organisés, le colonel Sautereau voulut nous mettre à l'épreuve. Le 4ᵉ bataillon fut choisi pour faire partie d'une expédition dont le but est demeuré un mystère (3).

Le 20 septembre, on nous dirigea sur Mulhouse, par les

[1] L'auteur regrette vivement de n'avoir pu se procurer la copie du magnifique rapport que le commandant en chef de l'artillerie adressa à son supérieur hiérarchique sur les services de nos braves canonniers. Nous n'en indiquons que le sens.

[2] WINTERFELD, *Histoire de la Guerre de* 1870.

[3] Il s'agissait sans doute de menacer l'armée assiégeante de Strasbourg, et peut-être celle de Metz; l'instant était favorable pour tenter l'opération que Bourbaki essaya en janvier, trop tard pour réussir. Au mois de septembre, nous n'avions point d'armée; quand nous eûmes une armée, la saison entravait sa marche. Providence humaine et Providence divine nous firent défaut tour à tour : *Sic fata ferebant.*

voies ferrées, avec deux bataillons du 45e de ligne, un bataillon mobile du Rhône et une batterie d'artillerie.

La mobile du Rhône alla se jeter dans Neuf-Brisach, dont la garnison se trouvait insuffisante. Le reste de la colonne prit la direction de Thann et établit ses campements non loin de la ligne ferrée, dans la magnifique plaine de l'Ochsenfeld. C'est là que nous attendîmes pendant huit jours les renforts qui s'organisaient derrière nous, lorsque la capitulation de Strasbourg nous ramena en toute hâte vers Belfort.

Dans cette courte expédition, si nous n'eûmes pas la bonne fortune de rencontrer l'ennemi, nous trouvâmes du moins maintes occasions de prouver notre supériorité militaire au 45e de ligne. Ce régiment, reformé à Belfort avec des engagés volontaires sortis en foule de l'Alsace, était de tout point déplorable; les ouvriers de fabrique, mièvres et chétifs, qui changeaient de métier pour avoir du pain, en formaient le principal élément.

Dans les courtes étapes que nous parcourûmes ensemble, les routes se couvraient de traînards, de sacs et d'armes abandonnés, tandis que le 4e bataillon, à peine équipé, ne laissa derrière lui ni un homme ni un fusil. Il reprit au fort des Barres ce que l'on regardait alors comme un poste de confiance et d'honneur; rentré dans ses humides et sombres casemates, il n'en devait plus sortir jusqu'au dernier jour du siége.

La capitulation de Strasbourg était menaçante pour la ville de Belfort. On se demandait, en effet, si le corps de Werder, abandonnant à de faibles détachements les siéges de Schlestadt et de Neuf-Brisach, n'essaierait pas de forcer la trouée de Belfort pour s'avancer vers Lyon et le midi de la France. Les journaux lyonnais faisaient grand tapage du péril que courait leur cité ; les Prussiens s'apprêtaient à quitter la basse Alsace quand l'imagination des rédacteurs les représentait aux confins du Rhône : c'était faire à nos ennemis beaucoup d'honneur. Afin de parer à toute éventualité, le général de Chargères occupa la ligne de la Madeleine, à l'est de la place, avec le 57e tout entier, auquel il adjoignit un bataillon du 85e de ligne et la batterie d'artillerie rentrée le 27 septembre.

Pour pénétrer dans la Haute-Saône, Werder préféra le chemin des Vosges, et la brigade échelonnée de Bethonvilliers à Lacollonge vint prendre position plus en arrière, à la jonction des routes d'Altkirch et de Colmar, près des villages de Roppe et des Errues. On lui adjoignit deux bataillons de la mobile du Haut-Rhin, commandés par M. Vivenot, de la Haute-Saône, promu au grade de lieutenant-colonel.

Le général Cambriels, qui avait pris en main la direction des opérations, en même temps qu'il essayait de couvrir la trouée de Belfort, s'apprêta alors à défendre les passages des Vosges. On sait le résultat de cette expédition. Tandis que le régiment du Haut-Rhin, avec l'artillerie de campagne et le 85e de ligne, prirent le chemin de Besançon pour être de là, après les combats de Voray et de Cussey, dirigés sur la Loire, deux bataillons du 57e rentrèrent dans Belfort. Le 3e bataillon, placé sous le commandement de M. Nachon, du 4ᵉ bataillon, ancien capitaine des grenadiers de la garde, officier de la Légion-d'Honneur, militaire aussi modeste que brave, alla camper près d'Héricourt pour surveiller les mouvements de l'ennemi, qui descendait dans la Haute-Saône par Darney, Bains et Remiremont.

L'invasion de notre département produisit sur les mobiles une impression facile à comprendre ; leur imagination, surexcitée par le tableau souvent exagéré du vandalisme germanique, leur représentait la maison paternelle dévastée, les vieux parents devenus l'objet de toutes les brutalités, les mères et les sœurs cherchant dans les bois un refuge contre de barbares envahisseurs. Et l'on se sentait à l'étroit dans les murs de la place ; on parlait d'aller secourir et défendre tant d'êtres aimés, et l'on critiquait l'apparente inaction de nos chefs qui nous retenaient loin de l'ennemi : comme si l'intérêt de nos proches avait été différent de celui de la France, comme si, à Belfort même, nous n'allions pas combattre *pro aris et focis*, bien mieux qu'en guettant l'ennemi derrière les buissons des chemins, le long des sentiers dans les bois !

Ce fut sur ces entrefaites que le général Crouzat, qui avait succédé à M. de Chargères dans le gouvernement de la place, fut appelé au commandement d'une brigade active ; M. de Chargères lui-même avait été mandé à Tours, pour s'y mettre à la disposition du ministre de la guerre.

M. Denfert, qui avait successivement passé du grade de commandant du génie à celui de lieutenant-colonel, puis de colonel dans le même mois, fut investi du gouvernement de la place.

Contrairement à l'opinion générale qui renverse les rôles, notre livre établira que tout le bonheur de cette nomination revint à M. Denfert bien moins qu'à la garnison.

Dans cette fatale guerre où tant de généraux braves et intelligents ont succombé dans leur lutte contre la fatalité des événements et l'insuffisance des ressources, M. le colonel Denfert eut la fortune insigne de commander une place formidable, largement pourvue de toutes choses; d'avoir sous sa main une garnison paisiblement organisée à l'abri des murs, et de combattre un ennemi qui, par extraordinaire, s'empêtra dans ses irrésolutions avant de prendre le bon parti. L'appréciation impartiale, quoique sévère, du colonel Denfert, sera la conclusion de cet ouvrage.

Il commandait la place depuis dix jours à peine lorsqu'éclata parmi nous, comme un effroyable coup de tonnerre, la nouvelle de la capitulation de Metz. Ce fut un rude choc pour nos illusions et nos espérances : la dernière armée de l'Empire, et la meilleure, s'effondrait dans un désastre sans exemple.

Sedan et la proclamation de la République n'avaient produit qu'une impression passagère sans porter atteinte à notre confiance.

Il n'en fut pas de même de la capitulation de Bazaine. Toutefois l'idée qu'une armée semblable était livrée par la trahison dominait assez les âmes pour y laisser encore quelque lueur d'espoir. La France se déshabituait de la victoire avec le déchirement douloureux de la mère qui perd son enfant.

Noùs devions, pour notre part, justifier selon l'événement ou confondre les généraux de l'Empire ; on savait depuis quelques jours que des concentrations de troupes se faisaient en Alsace pour assiéger Belfort. A notre tour, nous allions nous mesurer avec la science et la discipline prussiennes ; la fortune voulut que ce fût sans désavantage.

CHAPITRE II.

Grosmagny.

En même temps que le général Werder, ministre de la guerre délégué par la Prusse auprès du grand-duc de Bade, poussait, avec l'activité qu'on sait, les opérations du siége de Strasbourg, il organisait aux abords de cette malheureuse ville tout un corps d'armée qui, depuis Sedan, fut chargé dans l'Est de maintenir intactes les communications des armées principales, et nettoyait les places fortes échelonnées sur la frontière.

Schlestadt avait succombé à un bombardement de quelques heures; Neuf-Brisach, plus considérable et mieux défendu, agonisait au bout de quinze jours de siége. Le long des Vosges, se rabattant sur la Haute-Saône, une bonne partie du corps de Werder avait réussi à désorganiser sans trop de peine les forces que Cambriels y avait amassées à la hâte; elle s'était jetée, à la suite de ces bandes disloquées, dans nos provinces de Franche-Comté et de Bourgogne, menaçant Lyon et le midi de la France, contournant ainsi, presque sans coup férir, la plus importante de nos places fortes dans l'Est, je veux dire Belfort.

Les grandes phrases prononcées depuis un siècle sur la trouée de Belfort et sur le rôle de la place qui en défendait l'accès se trouvaient réduites à leur juste valeur.

Pour que l'ennemi assiégeât Besançon, presque en vue de Belfort, ou qu'il marchât droit sur l'importante place de Lyon, il lui suffisait de vouloir; Belfort, comme un navire perdu sur le vaste océan de l'invasion, attendait du secours et n'en pouvait donner à personne.

Il est douteux qu'au commencement d'octobre M. de Moltke ait songé à assiéger Belfort. Avec la sagacité pratique qui le caractérise, il avait compris de longue date que cette place, par ses forts avancés et sa population restreinte, moins forte que Metz au point de vue absolu, l'était en réalité davantage.

La résistance dont une forteresse est susceptible se calcule en effet non sur ses ressources en elles-mêmes, mais sur le rapport de ses ressources à sa population et à son étendue.

Metz, avec l'armée de Bazaine entassée sous ses murs; Paris, avec le nombre immense de bouches qu'il nourrit chaque jour, semblaient moins redoutables que Belfort.

A l'entrée de l'hiver, il n'y avait à chercher, aux pieds d'une telle forteresse, qu'une gloire médiocre au prix des plus dures fatigues; la guerre pouvait finir avant que Belfort eût succombé, et dès lors le sang répandu l'était en pure perte.

Toutes ces considérations expliquent, à notre avis, la lenteur que les Prussiens ont mise à s'approcher de Belfort, leur hésitation, enfin, à transformer l'investissement en un siége véritable, une fois qu'ils eurent isolé la place (1).

Depuis la bataille de Reichshoffen on parlait du siége, et l'on commençait déjà à n'y plus croire, lorsque la chute de Metz rassura l'armée de Paris sur ses communications avec l'Allemagne et rendit disponible le corps de Werder, qui en avait la garde.

Une division de ce corps (div. Treskow I) [2] reçut pour mission d'immobiliser Belfort. Nous étonnerons sans doute nos lecteurs, habitués aux chiffres enflés et toujours ronds de 40,000 hommes au moins, en disant que le siége de Belfort fut entrepris par les Prussiens avec 10,000 hommes à peine ; et certes ce n'est pas sans regret que je livre ce chiffre à la publicité : du même coup tombent ces pompeuses exagérations, bien faites pour flatter notre amour-propre, qui représentent la forteresse de Belfort comme une vraie *fabrique de cadavres* où une armée tout entière serait venue s'engloutir. Il suffit à l'honneur de notre défense qu'avant le siége effectif les pertes de l'ennemi, de son propre aveu, eussent dépassé les pertes totales du siége

[1] On peut ajouter qu'au rebours de Strasbourg et de tant de places fortes, l'élément civil avait, à Belfort, trop peu d'importance pour qu'un bombardement pût amener la reddition. Les Prussiens mirent un grand mois à s'apercevoir de la chose, un mois perdu par eux, auquel il faut joindre les trois semaines de l'investissement pur et simple : le grand éloge de la garnison est d'avoir su profiter de ce temps.

[2] 1re division-landwehr, formée à Stettin ; il s'y joignit des Badois, des Bavarois, des Saxons ; l'artillerie en particulier appartenait un peu à toutes les nations de l'Allemagne ; Belfort était comme le polygone de la Confédération.

de Strasbourg. La gloire des défenseurs de Belfort n'a rien à gagner à d'invraisemblables évaluations ; et l'écrivain lui-même, en acceptant sans contrôle ces fanfaronnades ridicules, fait preuve de peu de jugement militaire (1). Nous le déclarons ici pour n'y plus revenir et répondre d'avance à une objection du lecteur : ce n'est qu'avec une réserve extrême que nous parlerons dans cette histoire des pertes subies par la division Treskow ou par les troupes qui en comblèrent les vides. Nous avons des raisons de croire que MM. les Prussiens, après la reddition de la place, se firent un malin plaisir d'enfler leurs pertes à nos yeux, et mystifièrent d'une façon toute germanique jusqu'à M. Denfert lui-même. Privé de toute lumière certaine sur ce point, nous préférons nous abstenir (2).

Ce fut à la fin d'octobre que la division Treskow, quittant les abords de Neuf-Brisach, s'apprêta à investir Belfort. Pour bien comprendre cette opération, il faut jeter un coup d'œil sur la carte de la Haute-Alsace, en prenant pour point de départ et comme base le chemin ferré de Mulhouse à Thann. Cette ligne traverse, perpendiculairement aux Vosges, la vaste plaine de l'Ochsenfeld, où dès 1634 les Suédois livrèrent bataille aux Impériaux, et qui, par les nombreuses voies de communication

[1] MM. Thiers et de la Laurencie ne s'en font pas faute.

[2] L'état-major prussien ne porte les pertes totales du siége proprement dit qu'à 1,500 hommes hors de combat; M. Denfert les évalue à 25,000; un colonel prussien nous en accusa 40,000 : c'était un farceur. Entre ces différents chiffres le lecteur choisira : nous nous déclarons incompétent; mais nous croyons que le chiffre prussien est le plus rapproché de la vérité.

dont elle est sillonnée en tous sens, mérite aujourd'hui surtout d'attirer l'attention des stratégistes. La route départementale de Cernay à Altkirch y coupe, au lieu appelé Pont-d'Aspach, la grande route de Lyon, tandis qu'une troisième route, partant du même point et longeant les Vosges, aboutit par Sentheim au bourg de Giromagny.

Supposons l'armée prussienne concentrée tout entière entre Cernay et Thann ; pour investir Belfort, elle s'avancera sur ces trois routes, d'abord se développant en éventail depuis Giromagny à Dannemarie, où elle rencontre la voie ferrée de Paris à Mulhouse, puis elle s'étendra jusqu'à la ligne de Lyon au sud, jusqu'au prolongement de la ligne de Paris à l'ouest ; l'éventail sera devenu cercle, et la marche concentrique de tous les points de la circonférence, prenant Belfort pour objectif, en même temps qu'elle rapprochera l'investissement, le rendra plus solide et plus complet.

Tel est le mouvement que le général Treskow, au 1er novembre 1870, se mit en devoir d'accomplir. A l'extrémité ouest du chemin de fer Mulhouse-Thann, M. Keller, député de Belfort et colonel de francs-tireurs, investi par M. de Chargères d'un commandement étendu, surveillait les mouvements des armées allemandes dans la Haute-Alsace. Le jour de la Toussaint, sa petite troupe, renforcée par les gardes nationaux du pays, soutint un combat qui ne fut pas sans gloire contre l'avant-garde de la division prussienne. Au bout de deux heures de lutte, M. Keller se retira vers Massevaux, situé sur le versant ouest du ballon d'Alsace, et prévint la place de Belfort de la marche des Allemands. Ceux-ci, sans s'occuper des francs-tireurs, rejetés dans les inextricables défilés des Vosges, continuèrent leur route vers le pont d'Aspach, où ils se bifurquèrent en trois colonnes principales, l'une s'avançant vers Sentheim, Rougemont et Giromagny au nord, l'autre vers la Chapelle-sous-Rougemont à l'est, et la troisième vers Dannemarie, de là vers la vallée de la Madeleine, plus au sud. Le but de ce mouvement était évidemment de transporter la base des opérations sur la ligne de Paris à Belfort, d'occuper à Dannemarie le viaduc du chemin de fer, et au sud de Giromagny la seule route qui établît hors la portée du canon les communications de l'est à l'ouest de la place.

Quelles étaient au juste les forces qui manœuvraient ainsi vers Belfort? Nous croyons pouvoir affirmer que chacune des trois colonnes comptait de 3,000 à 4,000 hommes, et se composait de troupes de toutes armes, chargées d'opérer avec rapidité en se jetant sur les deux points extrêmes : Dannemarie à l'est, Giromagny au nord. Dans quels termes M. Denfert fut-il avisé du mouvement par nos postes avancés, et quels renseignements en particulier avait-il sur les forces de l'ennemi? Il nous est impossible de rien affirmer à cet égard. Ce que nous savons de certitude absolue, c'est que le capitaine commandant les gardes mobiles des Vosges à Saint-Maurice évaluait l'armée prussienne à 20,000 hommes, et télégraphiait en ce sens au commandant des troupes cantonnées à Giromagny, lequel transmit la dépêche à sept heures du soir au gouverneur de Belfort. D'autre part, il est permis de croire que M. Keller fit parvenir des renseignements analogues : ce n'est pas, en effet, devant quelques centaines d'hommes qu'il eût opéré sa retraite vers Massevaux, sans chercher ensuite à les prendre en flanc aux abords de Rougemont, avec le concours des troupes régulières. Tout nous permet donc de supposer que M. Denfert avait sur les forces qui s'apprêtaient à investir Belfort des indications qui les représentaient comme considérables ; ou il entendait leur disputer les abords de la place, ou il songeait simplement à entraver leur marche en profitant de ces premiers combats pour se renseigner avec certitude. Par les dispositions qu'il prit nous saurons sans doute ses intentions véritables.

Rendons cette justice au comité de défense des places qui, présidé par le général Frossard, eut à examiner, sous l'Empire, les moyens les plus propres à entraver l'investissement de chacune d'elles. En ce qui concerne Belfort, les deux points extrêmes du quart de cercle qui s'étend de Giromagny à Dannemarie avaient été désignés par ce comité comme étant la clé de toute opération qui aurait Belfort pour objectif. De là les fourneaux de mine installés au viaduc de Dannemarie et destinés à faire sauter ce magnifique ouvrage à l'approche de l'ennemi. De là aussi des mines non moins considérables établies entre les deux villages de Petit et Grosmagny, dans le flanc des rochers où est taillée la route de Sentheim. La coupure que ces mines devaient produire était suffisante pour retarder les transports d'artillerie et les mouvements de cavalerie pendant plusieurs jours ; si, au lieu de déblayer, l'ennemi choisissait une autre route, il lui fallait ou passer le long de l'Arsot, sous le canon de la place, ou se résoudre à un vaste détour. En ajoutant aux mines quelques troupes pour en défendre les abords, et, par une retraite habilement conduite, entraîner à point l'ennemi dans le chemin couvert, on pouvait espérer un résultat considérable. Comment le colonel Denfert se servit-il des ressources qui se trouvaient sous sa main pour exécuter un plan tout tracé d'avance ? Le lecteur va en juger.

Le 1ᵉʳ novembre 1870, à 10 heures 37' du soir, on télégraphiait du bureau de la place à M. le commandant Petitguyot, du 1ᵉʳ bataillon mobile (Haute-Saône-Gray), cantonné à Giromagny :

« Il est de toute nécessité que le poste entre Gros et Petitmagny soit occupé ce soir, s'il ne l'est déjà, par une de vos compagnies ; ralliez cette nuit à Grosmagny les compagnies qui sont à Auxelle-Bas et à Plancher-Bas ; ralliez à Chaux la compagnie de la Chapelle et celle de Châlonvillars, si elle n'est déjà à Grosmagny ; demain matin, portez-vous dès l'aube du jour avec les compagnies de Giromagny sur Rougegoutte et Grosmagny, et établissez-vous dans ce dernier village ou à portée, de manière à vous masquer de l'ennemi. Attendez-le de pied ferme s'il se présente ; éclairez-vous avec le plus grand soin. Si vous êtes obligé à la retraite, vous vous replierez, par la route d'Eloye, sur Valdoye et le Salbert, en vous servant des bois et des obstacles de cette route. Les compagnies ou la compagnie ralliée à Chaux se repliera sur Valdoye et ira occuper le Salbert. »

Cette dépêche, dans sa précision apparente, était muette sur les dispositions à prendre en cas d'attaque de l'ennemi ; elle ne parlait ni des mines à faire sauter ni des mouvements à combiner avec cette opération importante. Elle laissait au commandant subalterne l'appréciation des choses, sans doute pour lui en laisser la responsabilité ; elle ne prévoyait pas surtout qu'à huit kilomètres de la place un faible bataillon pouvait être coupé sans peine et enveloppé par des forces supérieures.

Quoi qu'il en soit, le bataillon de Gray se porta, à trois heures du matin, vers le poste qui lui était assigné, décidé à soutenir énergiquement une lutte inégale, et sentant confusément qu'il allait là vers un désastre. A la pointe du jour il prit position entre les villages de Gros et Petitmagny, en arrière du chemin qui devait sauter par la mine, sur une colline qui domine à quatre kilomètres, jusqu'au pied des Vosges, la plaine accidentée et couverte de bois. La position était magnifique. A droite, le bataillon s'appuyait au village de Petitmagny et à un petit mamelon dénudé qui en domine les abords ; en avant du centre, les mines semblaient former une redoutable barrière ; l'encaissement seul de la route était pour l'ennemi une menace ; la gauche, placée en équerre, faisait face au village de Grosmagny en même temps qu'elle surveillait la plaine et se gardait ainsi de toute surprise. Mais on n'avait réussi à occuper une ligne aussi étendue qu'en éparpillant les forces et en ôtant toute profondeur aux feux. 700 hommes se déployaient sur un front de plus d'un kilomètre ; le bataillon n'était plus qu'une ligne de tirailleurs, qui supposait en arrière des troupes de soutien d'autant plus nécessaires qu'on se trouvait à deux lieues de la place, et qu'il fallait prévoir le cas d'une retraite.

Ferons-nous un reproche à l'état-major de Belfort d'avoir gardé inoccupés dans l'intérieur de la ville plus de 10,000 hommes disponibles, et de n'avoir échelonné aucun poste sur la ligne de retraite du pont de Sermamagny à la pointe nord du Salbert? Ce serait peut-être aller trop loin. M. le colonel Denfert était en droit d'agir comme tous les gouverneurs de place avaient fait jusqu'alors : il pouvait ne pas défendre les approches de Belfort. Faire sauter le chemin creux entre Gros et Petitmagny, au moment où les Prussiens dépassaient Rougemont, tâter leurs forces dans un combat d'avant-garde sans s'engager à fond ; telles étaient, somme toute, les dispositions que commandaient les circonstances. Mais exposer, à huit kilomètres des fortifications, un faible bataillon sans artillerie, ne lui donner aucune instruction précise sur les limites dans lesquelles il pouvait se hasarder, était une faute qui pouvait aboutir à la destruction du bataillon lui-même. Enfin venir après coup vanter un plan de défense exceptionnel et s'échafauder une réputation de stratégiste avec de pareils éléments, c'est plus qu'une faute ; à nos yeux, c'est un travers.

Le matin arriva sur les lieux, muni d'instructions plus étendues mais tout aussi peu précises, le capitaine du génie auxiliaire Krafft, avec la mission spéciale de faire sauter les mines. Ses avis ne contribuèrent pas peu à étendre démesurément la ligne de bataille en la prolongeant à droite jusqu'au-dessus de Petitmagny. Dès huit heures, les gardes nationaux du canton, par groupes de 15 ou 20 hommes, traversèrent la ligne occupée par nos troupes et prirent position entre Rougemont et Lauw pour y attendre l'ennemi. Celui-ci, après avoir quitté le village de Sentheim, s'était engagé dans ce pays accidenté et pittoresque, couvert de bois et de vergers, qui, ondulant du pied des Vosges jusqu'aux pentes de l'Arsot, débouche entre Valdoye et Sermamagny, dans une plaine que la ligne de Paris traverse à l'ouest. Il rencontra sur la lisière des bois de Rougemont les gardes nationaux, au nombre de 80 à peine, armés de fusils ancien modèle. La résistance de cette poignée d'hommes fut assez sérieuse pour que l'ennemi leur fît l'honneur de son canon ; une demi-douzaine de ces braves gens resta sur le terrain : parmi eux le lieutenant de la compagnie, M. Géhin, de Chaux. Les autres se replièrent sur les positions occupées par le bataillon de mobiles ; le commandant Petitguyot, suffisamment averti par la fusillade et les coups de canon entendus dans la matinée, se tint sur ses gardes et ne tarda pas, en effet, à voir déboucher l'ennemi. Il était onze heures du matin.

Là 1re compagnie (Autrey), envoyée en éclaireurs, essuya le feu des tirailleurs prussiens, et vint prendre son poste de combat à la droite du bataillon, auprès du village de Petit-magny ; une fusillade énergique s'ouvre bientôt sur toute la ligne ; les Prussiens, croyant avoir affaire à une partie notable de la garnison, mettent en batterie leur artillerie, et les obus ne tardent pas à pleuvoir ; mais, au grand étonnement des troupes, les coups passent par-dessus les crêtes et vont tomber au-delà sans causer aucun mal. Les Prussiens s'étaient imaginé sans doute, et en bonne logique ils devaient le faire, que des feux éparpillés sur une telle étendue supposaient en arrière, à l'abri des pentes, le gros de nos forces ; fidèles à leur pratique habituelle, ils abandonnaient les tirailleurs aux tirailleurs, dirigeant l'artillerie sur l'emplacement des colonnes de réserve et de soutien.

Pendant ce temps, l'infanterie ennemie, profitant des accidents de terrain, tentait d'enlever par ses deux flancs la côte défendue par le bataillon. Arrêtée à notre droite par le feu soutenu de deux compagnies, elle gagnait du terrain à gauche, aux abords du village du Grosmagny, où les obus avaient allumé l'incendie sur divers points. Il était évident pour tous qu'une lutte aussi inégale ne se prolongerait pas sans entraîner la destruction du bataillon. On songea alors à faire sauter les mines.

Le lieutenant Julien, garde général à Dampierre-sur-Salon, se chargea de cette périlleuse mais décisive entreprise ; il prit avec lui le caporal Boïs, de la 4e compagnie, employé des ponts et chaussées, qui possédait en pareille matière quelque expérience, et parmi les cinquante hommes qui s'offrirent spontanément, une dizaine des plus déterminés. Arrivés aux mines, ils constatèrent avec stupeur que les mèches étaient hors d'état; le pulvérin, réduit en pâte liquide, ne pouvait prendre ; les ouvertures des chambres fermées de moellons sans ciment avaient laissé passer l'humidité de l'atmosphère. Quoi que l'on entreprît, les mines étaient perdues, et le capitaine du génie Krafft s'en retourna vers le bataillon , déclarant qu'il fallait renoncer à détruire la route. Déjà sur l'une et l'autre aile l'infanterie ennemie étreignait ce brave bataillon, qui se cramponnait avec fureur aux dernières chances d'arrêter sa marche. Plus de 60 hommes tués ou blessés jonchaient le sol, et mêlaient leurs gémissements au bruit du canon et de la fusillade. Le découragement gagnait les plus résolus. Le lieutenant Morel était tombé mort à la tête de sa compagnie ; le capitaine Grillot gisait blessé, auprès de ses hommes, les exhortant encore à tirer leur dernière cartouche, leur rappelant que l'explosion des mines allait changer en désastre la facile victoire de l'ennemi. Dans le chemin creux, sublimes sans le savoir, quelques mobiles obscurs essayaient avec des allumettes de faire prendre les mèches, et soufflaient sur le feu, au risque de sauter les premiers.

Le commandant prussien qui gravit la côte à la tête de son bataillon vit encore à quelques pas de lui un de ces héros obscurs s'obstinant auprès d'un fourneau de mine à faire sauter les assaillants, pareil à ce marin fameux qui engloutit dans leur triomphe les corsaires dont son navire était devenu la proie.

Il restait en ce moment au commandant Petitguyot, en arrière de la crête qu'il garnissait, un espace de deux cents mètres environ pour opérer sa retraite. L'ennemi sortait en foule de Grosmagny, déployant sa cavalerie pour la lancer sur notre extrême gauche ; le mamelon de droite, après une lutte des plus acharnées, avait dû être évacué, couvert de nos morts et de nos blessés. Cependant le commandant crut devoir résister encore ; se jetant au-devant des compagnies qui s'apprêtaient à faire retraite, il ne put, malgré ses efforts, les ramener en avant. C'était un bonheur. Quelques minutes encore, et ce qui restait du bataillon, enveloppé de toutes parts, tombait au pouvoir de l'ennemi. Celui-ci avait compris son erreur ; il s'était aperçu qu'il avait devant lui quelques centaines d'hommes sans artillerie, alors que depuis une heure il croyait à une vraie bataille. A la faveur des incendies, dont le vent chassait la fumée vers la plaine, le bataillon put traverser sans encombre la prairie de Grosmagny, poursuivi par les obus qui se succédaient sans relâche, et gagner de là les bois. Plusieurs de nos mobiles se noyèrent dans les étangs situés au bas de la côte, en cherchant à les passer à la nage. Une vingtaine environ tombèrent aux mains de la cavalerie, qui chargea les fuyards.

Plus d'un trait d'héroïsme honora dans la retraite ce malheureux bataillon. Epuisé de fatigues, courbé par l'âge, le vieux capitaine Jacquot, de l'infanterie de marine, tombe à quelques mètres de l'ennemi, qui se jetait sur nos derrières ; des blessures reçues en Afrique, au Sénégal, sur tous les champs de bataille de l'Empire, se rouvrent, et le vieux brave reste étendu sans mouvement. Ses soldats se précipitent vers lui à travers une grêle de balles ; le sous-lieutenant Masson l'enlève sur ses épaules et le transporte à Belfort, au prix de mille fatigues, malgré l'ennemi qui les traque de toutes parts.

Le capitaine Gauthier, du 57e de ligne, resté le dernier avec quelques fidèles, voit arriver sur lui, à la tête de son bataillon, un commandant prussien, superbe sur son grand cheval et se riant des balles que les nôtres lui adressent à courte distance ; le capitaine Gauthier, tirant son sabre resté jusqu'alors au fourreau, salue la bravoure dans la personne de cet adversaire, puis, lui lâchant une balle de son revolver, l'étend raide mort.

A peine les derniers débris qui défendaient encore le plateau eurent-ils disparu que les Allemands surgirent de toutes parts, poussant des hurlements sauvages, au travers desquels on distinguait un mot ressuscité de Waterloo : « Pas de quartier ! » Exaspérés par l'héroïque résistance de ce bataillon qu'ils avaient pris pour l'avant-garde d'un corps tout entier, ces féroces Poméraniens, jusqu'alors si circonspects, se ruent sur les blessés étendus par terre, les achèvent à coups de crosse et de baïonnette ou par des décharges à bout portant. Deux survivants de cette scène de cannibales ont déposé de ces faits devant l'histoire, et c'est de leur bouche même que l'auteur a recueilli ces détails. L'un d'eux, le sergent Aubry, blessé de deux balles, eut le corps lardé de coups de baïonnette et la figure affreusement écrasée. Laissé pour mort sur le champ de bataille, il se traîna à la nuit jusqu'au village de Grosmagny, où le dévouement des habitants réussit à le soustraire aux perquisitions. L'autre, le capitaine Grillot, n'a échappé que par une sorte de miracle aux coups des furieux qui s'acharnaient sur lui : une salve à bout portant ne l'atteignit pas. La tuerie ne cessa que sur les reproches et les sollicitations les plus pressantes que ce brave officier adressa à un capitaine prussien. Rendons justice à cet homme parmi des tigres ; il fit cesser le feu et se montra clément pour ceux qui, blessés, survivaient encore. Mais, pendant qu'il arrêtait le massacre sur un point, on continuait de plus belle sur un autre ; le vicaire d'Etueffont, qui apportait sur ce champ funèbre les secours de son ministère, reçut une balle d'un de ces bandits en délire, et tomba martyr de son dévouement. Des morts furent ignominieusement dépouillés, et le lieutenant Morel (1), mis à nu par ces oiseaux de proie trop heureux de revêtir ses sanglantes reliques, et

[1] Cet officier, tué le 2 novembre comme lieutenant au 1er bataillon, était nommé, à la date du 31 octobre, capitaine au 3e ; sans la négligence qui retarda l'envoi de sa commission, il échappait au désastre de Grosmagny.

qui sait, peut-être de s'en parer au retour dans la patrie ! La civilisation germanique faisait son œuvre.

Au bout de deux heures de lutte, l'ennemi restait maître du chemin creux et des hauteurs. Nos pertes étaient relativement énormes ; 700 hommes en avaient perdu plus de 150, dont une centaine frappés par le feu ; les Allemands emmenèrent une vingtaine de prisonniers ; les autres, au nombre de plus de 30, dispersés par la cavalerie et jetés dans les bois, dans leur ignorance des chemins, et craignant d'être surpris par les coureurs allemands, réussirent à s'échapper ; sauf quelques rares exceptions, aujourd'hui flétries par la juste indignation de leurs compatriotes, ils rejoignirent Besançon ou Langres. Le bataillon, réduit d'un quart, opéra sa retraite sur Valdoye et le Salbert.

Contrairement aux ordres reçus, démoralisé par cette lutte inégale, et craignant de ne pouvoir résister dans les positions assignées, M. le commandant Petitguyot rentra à Belfort. Ce fut une faute. Si, en restant à Valdoye, il avait sauvé du moins les apparences et su prévoir le fâcheux effet que causa son arrivée dans la place, il épargnait à son bataillon l'injustice officielle et les dénigrements jaloux.

L'ennemi avait perdu dans cette affaire 170 hommes (1) hors de combat ; ce fait, que M. le colonel Denfert ignore ou feint d'ignorer, résulte de la déclaration du major Von Pettery, du

[1] Il est bon de comparer ce chiffre aux pertes subies par les Prussiens à l'attaque de Pérouse. M. Chapelot, dans son rapport, les porte à 1,200 hommes : nous croyons savoir qu'elles se réduisent à 136 hommes hors de combat.

2e bataillon Bromberg du 54e régiment d'infanterie prussienne, à M. Bernard, notaire et adjoint de Montbéliard. La voici telle que M. Bernard nous autorise à la reproduire :

« En rappelant au major prussien, dans une discussion longue et très-vive, la déclaration qu'avait faite son roi de ne point faire la guerre à la population civile, ce major se défendit en me parlant de la résistance qu'il venait d'avoir à supporter aux environs de Grosmagny de la part de civils et de gardes nationaux non équipés qui appuyaient les mobiles.

« En raison de mes nombreuses connaissances dans le canton de Giromagny, je fis en sorte d'obtenir quelques explications sur ce combat, et le major me répondit à peu près en ces termes : — A Grosmagny, près de Giromagny, nous avons perdu 170 hommes, et j'ai vu des civils se battre avec les mobiles et les gardes nationaux ; les chambres de mine n'ont pu prendre feu, sans cela nous reculions en éprouvant des pertes énormes. Les mobiles se battaient très-bien, et j'étais déjà à la première chambre de mine, au-dessus de la côte et à la tête de mon bataillon, quand un jeune mobile essayait encore, à l'autre extrémité de la route, de mettre le feu aux poudres.

« Telle est, Monsieur, la déclaration qui m'a été faite par le major Pettery. Je vous autorise à la répéter en mon nom, s'il est nécessaire ; le chiffre de 170 m'a été répété plusieurs fois, et je l'ai parfaitement retenu.

« Agréez, etc.   « Signé A. BERNARD,

« notaire et adjoint au maire de Montbéliard [Doubs]. »

A ce témoignage j'en puis ajouter d'autres : la déclaration des habitants du pays qui, témoins des efforts de notre brave bataillon, ont compté ses morts et ceux de l'ennemi ; le témoignage enfin des blessés qui ont survécu, et qui, jusqu'au 1er décembre, ont été soignés côte à côte dans le village de La Chapelle avec les blessés prussiens.

Un mot encore sur les blessés de cette sanglante journée. Ramassés sur le champ de bataille par MM. Boisjol et Benoît, de Giromagny, ainsi que par le vicaire de ce village, ils furent confiés d'abord aux ambulances de La Chapelle et de Massevaux ; la moitié avait succombé au 1er décembre ; mais, comme les Prussiens ne savaient où loger les leurs, Mme Kestner, de Thann, reçut l'autorisation de soigner chez elle ceux qui vivaient encore ; la sollicitude dont ils furent entourés dans cette patriotique maison nous les conserva tous. Qu'il me soit permis d'inscrire dans ce livre des noms désormais vénérés pour notre département de la Haute-Saône ; qu'il me soit permis surtout de transmettre publiquement à ces nobles exilés de la patrie française l'expression de nos sympathies, de notre reconnaissance ! S'il est ici-bas des retours soudains et des changements imprévus que réserve la Providence à ses affligés, les grands dévouements peuvent seuls en rapprocher l'heure désirée. Le blessé qui saigne pour son pays, et la main qui verse le baume réparateur ont mérité de Dieu non moins que de la patrie ; dans ces desseins mystérieux qui gouvernent le monde, qui saura jamais ce que pèsent une consolation et une souffrance ?

Tandis que le bataillon de Gray soutenait à Grosmagny cette lutte inégale et acharnée, une seconde colonne ennemie s'était déployée depuis La Chapelle sur tout le front est de la place ; ses éclaireurs rencontrèrent, entre Roppe et les Errues, un bataillon de mobiles du Rhône, et le combat s'engagea également de ce côté. Le feu, ouvert à douze cents mètres ne fit pas grand mal aux Prussiens ; ils perdirent un homme tué et quelques blessés (1) ; quant aux mobiles du Rhône, leurs pertes ne furent pas plus conséquentes. Pendant qu'ils tiraillaient sans résultats appréciables à des distances où l'ennemi se distinguait à peine, le gros de la colonne prussienne défila par la vallée de la Madeleine, et occupa sans coup férir les villages de Phaffans, Denney et Bessoncourt. Il paraît que des rapports magnifiques furent adressés à la place ; rentré dans Belfort après sa facile victoire, le bataillon du Rhône fut félicité en bloc, puis en détail, et cité comme un modèle à toute la garnison.

Quant au bataillon de la Haute-Saône, qui, sans secours et sans canons, soutint pendant deux heures une lutte qui lui coûta le quart de son effectif, il tomba dès ce jour en disgrâce, entraînant avec lui toute la mobile de la Haute-Saône. Pas une citation ne vint mettre en lumière les traits d'héroïsme qui marquèrent ce premier épisode du siége ; bien plus, renversant les rôles au gré de ses sympathies, le colonel Denfert, à qui

[1] Carnet d'un officier prussien trouvé à Héricourt. (V. *Journal du Siége de Belfort*, n° 10.)

de vagues rumeurs firent connaître les pertes de l'ennemi dans cette journée, fit honneur au bataillon du 16ᵉ (Rhône) des pertes infligées par le bataillon du 57ᵉ (Haute-Saône) ; et voilà comment se fait l'histoire... officielle. Messieurs du génie avaient grand besoin de toute cette injustice pour couvrir, en cette circonstance, leur impéritie et leur négligence ; M. Denfert, lui-même, qui avait exposé, en dépit de toute prévision militaire, un bataillon à deux lieues des forts, le livrant de gaieté de cœur à une armée entière, se devait à lui-même d'accabler les victimes de son imprévoyance ; un pauvre bataillon de mobiles était assez bon pour endosser à la fois et la déplorable installation des fourneaux de mine et la singulière stratégie du gouverneur :

Quidquid delirant reges plectuntur Achivi (1).

Si les mines de Grosmagny ne purent sauter, en revanche celles du viaduc de Dannemarie firent merveilles ; mais il n'y eut pas de combat de ce côté. L'ennemi accomplit sans autre obstacle l'investissement de la place, et le lendemain, à midi, ses postes étaient solidement établis sur toutes les voies qui communiquent avec le dehors ; il était en force dans les principaux villages, où les obus de la place vinrent plus d'une fois troubler son repos. L'investissement était complet ; mais avant que le siége lui-même déchaînât sur nous ses redoutables

[1] De tout temps
Les petits ont pâti des sottises des grands.

orages, il devait s'écouler un grand mois, pendant lequel, à intervalles rapprochés, les bataillons de la Haute-Saône allaient être de nouveau mis à l'épreuve.

CHAPITRE III.

Bessoncourt.

Le Mont est une hauteur boisée qui, à trois cents mètres du fort des Barres, qu'elle domine, s'incline à droite vers la montagne du Salbert, dont elle est séparée par une gorge que ferme à son ouverture le village de Crovanche ; à gauche, elle s'appuie sur le village d'Essert, et borne la route de Lure, au delà de laquelle s'étend la plaine de Bavilliers, en avant du fort de Bellevue. Elle constitue pour la place une position dominante, et qu'on jugeait redoutable. Non-seulement elle borne l'horizon à l'ouest des fortifications et empêche d'apercevoir à longue distance les mouvements de l'ennemi dans la direction de Châlonvillars ; mais on pensait que l'artillerie de siége, une fois installée au sommet, écraserait les forts des Barres et de Bellevue sans laisser la possibilité d'une riposte efficace.

Dès les premiers jours de l'investissement, le colonel Denfert avait fait occuper les bois et le village de Crovanche par un bataillon du 45ᵉ de ligne, relevé le 12 novembre par le

1er bataillon mobile de la Haute-Saône, que le combat de Grosmagny avait fort affaibli. Les grand'gardes du 3e bataillon du même régiment (57e provisoire), occupant les bois en avant de Bavilliers, s'étendaient à droite jusqu'au village d'Essert, et fournissaient un poste dans un bouquet de bois au centre de la plaine. Toute la côte dénudée qui s'incline en avant sur le village d'Essert était laissée sans défense, ainsi que le village lui-même, et formait une trouée de plus de six cents mètres, où les Prussiens pouvaient s'engager sans trop de témérité. La position était d'autant plus mauvaise que le village d'Essert se trouvait environné à droite et à gauche de bois touffus, où l'ennemi pouvait, à sa guise, masquer ses mouvements.

Le 7 novembre, l'état-major de la place se décida enfin à faire combler l'espace resté vide entre les bois du Mont et la plaine de Bavilliers. Une compagnie du 4e bataillon de la Haute-Saône, en garnison au fort des Barres, reçut l'ordre d'occuper la position. Les instructions étaient tellement vagues, et la persuasion que le village d'Essert restait à la discrétion de l'ennemi tellement enracinée, qu'on se borna à garnir le versant ouest de la côte, en se reliant à droite aux troupes du Mont, à gauche, à celles de Bavilliers. Les instructions portaient qu'en cas d'attaque, ces troupes se retireraient en faisant le coup de feu jusque dans les plis de terrain qui séparent Bellevue des Barres, en avant du faubourg. Le génie promit des outils pour la construction de quelques retranchements provisoires, indispensables à droite et à gauche de la route. Les outils ne furent jamais délivrés; on négligea même d'élever une barricade aux dernières maisons d'Essert, précaution élémentaire qui eût fait avorter peut-être l'attaque tentée par l'ennemi sur ce point. Dès les premiers jours une observation, même superficielle, établissait clairement que, dans ces conditions, la défense d'Essert et de la plaine devenait impossible Les patrouilles ennemies s'approchaient impunément jusqu'à quatre cents mètres de nos avant-postes, grâce aux accidents du terrain qui environne le village, et pouvaient, sans être vues, surveiller nos mouvements. Les vedettes placées sur la hauteur de Buc, à gauche de Châlonvillars, assistaient à toutes nos évolutions, et comptaient, à un homme près, les forces dont nous disposions à chaque heure du jour.

Un seul exemple. A la première grand'garde, la femme d'un général français, prisonnier de Metz, traversait les lignes ennemies avec un sauf-conduit du prince Frédéric-Charles; elle connut aux avant-postes prussiens le nombre exact de nos hommes; bien plus, elle constata avec stupeur qu'un signal de ralliement dont nous étions convenus avait été surpris par l'ennemi une heure à peine après que nos sentinelles eussent occupé leurs postes de nuit. Il paraît hors de doute que les enfants de quelques maisons isolées où nous étions établis colportaient à l'ennemi ce qu'ils voyaient et entendaient autour d'eux; cet espionnage, d'autant plus dangereux qu'on s'en méfiait moins, faillit nous devenir fatal plus tard.

Cette première nuit se passa dans une anxiété facile à comprendre. Les troupes sorties avant l'aube restaient sur pied sans feu et sans repos par un froid très-vif; la place avait constaté en arrière de Valdoye et d'Essert des mouvements de troupes considérables, et l'on s'attendait à une attaque. Chacun restait immobile à son poste, sondant du regard les bois et la plaine, épiant le moindre bruit; et quand le jour commença à luire sans que l'ennemi fût signalé sur aucun point, on jugea qu'il avait surpris jusqu'à notre vigilance. De ce moment commença une sorte de calme trompeur, dont l'effet fut de ralentir la surveillance et de nous endormir dans une fausse sécurité. Un instant on put croire que les choses allaient changer de face. Un fourrier du bataillon, que sa curiosité avait entraîné jusqu'au-delà du village d'Essert, renouvela plusieurs fois une tentative qui lui avait réussi; il rapporta de ses excursions des indications précieuses sur les agissements de l'ennemi et ses positions de Châlonvillars; on lui confia quelques hommes déterminés avec lesquels il continua ses reconnaissances. Nommé sous-lieutenant, il occupa, avec une section tout entière, le village d'Essert; de jour et de nuit il battait le terrain en avant de nos grand'gardes, harcelait les postes ennemis, surprenait leurs patrouilles et se glissait jusque dans leurs cantonnements, non sans leur donner de sérieuses inquiétudes. J'ai nommé S. de Prinsac, qui jouit alors à Belfort de la vogue dont le sergent Hoff était au même moment entouré à Paris.

Mais l'effet de ces compagnies d'éclaireurs fut tout autre qu'on ne l'avait prévu. Installées en avant de nos grand'gardes, elles dispensaient ces dernières de leur active surveillance, et les changeaient en une sorte de soutien, constamment surexcitées par des escarmouches qu'elles ne pouvaient apercevoir. Les éclaireurs, à leur tour, s'endormaient sur la foi des grand'gardes placées derrière eux, et négligeaient jusqu'aux précautions les plus élémentaires d'une troupe en campagne. La manie des coups de feu et des pérégrinations désordonnées, affranchies de tout contrôle, enflammaient si bien les troupes de ce côté, qu'on tirait toute la journée au hasard, sans voir l'ennemi, et quelquefois les uns sur les autres (1). Il fallut des ordres sévères pour empêcher le gaspillage des munitions et ces imprudences sans but qui pouvaient compromettre notre position. Une ou deux fois les Prussiens profitèrent de la confusion où nous vivions à la grand'garde. Comme on avait pris les nôtres pour l'ennemi, on prit l'ennemi pour nos troupes, et quelques patrouilles échappèrent à une perte certaine, grâce aux cris de : *France!* et aux longues capotes noires qui les confondaient avec nos artilleurs. Les éclaireurs furent alors munis d'un

---

[1] L'auteur de ces lignes faillit devenir victime d'une de ces erreurs, et fut salué un matin d'un feu nourri qui partait du bois. C'étaient les éclaireurs qui, embarrassés de leurs cartouches, sans doute, fusillaient, à défaut de Prussiens, quiconque se présentait même du côté de la place. L'erreur est explicable; mais ce qui ne l'est pas, c'est le récit fantastique d'un poste prussien chassé de ce bois, où il n'y eut jamais. Des renseignements pris sur les lieux mêmes nous ôtent toute illusion à cet égard.

fanion destiné à les faire reconnaître ; mais les inconvénients de cette organisation restaient les mêmes.

Depuis le malheureux combat de Grosmagny, le bruit courut en ville que nos prisonniers avaient été transportés à Châlonvillars. La garnison de ce village, disait-on, était assez faible pour qu'un coup de main énergique nous en pût rendre maîtres, ainsi que des prisonniers. Le colonel Denfert résolut d'avoir le cœur net de ces vagues rumeurs, dont l'une au moins se trouvait fondée ; Châlonvillars, en effet, n'était occupé que par 400 hommes à peine, avec quelques pièces d'artillerie (1). Le colonel Denfert se transporta de sa personne au fort des Barres pour assister aux opérations. Un bataillon du Rhône et un autre de la Haute-Saône (2), appuyés par la batterie d'artillerie de campagne organisée depuis quelques jours, et servie avec distinction par des mobiles de la Haute-Saône, franchirent le village d'Essert, se déployèrent en avant de Châlonvillars, tiraillant pendant une heure sans résultats appréciables. L'ennemi avait en un clin d'œil appelé de Buc et de Valdoye les troupes qui occupaient ces villages, et notre infanterie sortait à peine de la ligne des forts que les mouvements des vedettes prussiennes prévenaient les cantonnements et amenaient des forces considérables. L'opération était avortée, et qualifiée de reconnaissance offensive. L'absence de pertes prouve du

[1] Quant aux prisonniers, les supposer à Châlonvillars huit jours après le combat de Grosmagny c'était prêter à l'ennemi une sottise qu'il s'est toujours gardé de commettre.

[2] Le 3ᵉ bataillon (Saint-Loup).

moins qu'elle avait été conduite avec prudence et circonspection.

Une attaque plus sérieuse fut tentée sur un point tout opposé de la place. Depuis quelques jours on remarquait du haut de la Justice une ligne de terre fraîchement remuée en avant et sur la droite du village de Bessoncourt. Etaient-ce des batteries de siége et un commencement de parallèles? Evidemment non. La distance considérable (près de quatre kilomètres) qui sépare le village des forts, l'impossibilité où se trouve l'ennemi d'apercevoir la ville, que masque la grande ligne des hauteurs fortifiées, écartaient toute supposition de cette nature. Comme l'événement le prouva, et comme il était aisé de le prévoir, on n'avait affaire qu'à des retranchements défensifs, tels que les Prussiens ont l'habitude d'en élever sur tous les points accessibles de leurs positions. Ces travaux, quelque élémentaires qu'ils soient, permettent de diminuer dans une notable proportion les troupes de surveillance ; ils rassurent le soldat par la barrière qu'ils opposent, par l'abri qu'ils procurent, suffisants pour arrêter le premier choc, pour donner aux réserves le temps de se former et d'accourir.

Le colonel Denfert résolut d'enlever ces retranchements. Dans quelle intention? il est difficile de le savoir. Ou il voulait briser le cercle de baïonnettes qui nous environnait, prendre sa revanche de Grosmagny, et forcer l'ennemi à recommencer l'investissement par de nouveaux combats, ou il songeait simplement à inquiéter ses travaux et à les détruire. Dans le premier cas, c'était bien mal choisir le point d'attaque que d'aller à Bessoncourt. Ce village, en effet, n'était à portée d'aucune des grandes voies de communication par lesquelles nous pouvions prétendre empêcher le blocus de la place. La route de Bâle, qui le traverse, importait à peine aux communications de l'ennemi, et ne pouvait servir à la garnison que de ligne de retraite vers la Suisse, comme la route de Pontarlier servit plus tard à Bourbaki. A supposer qu'on pût l'occuper dans la partie essentielle de son parcours, jusqu'à Delle par exemple, ni ravitaillement ni correspondances n'étaient aisés par cette voie ; la position, une fois enlevée, était débordée de toutes parts par l'ennemi, qui, nous prenant en flanc et de front, n'aurait pas tardé à nous refouler dans la place. Si l'on songeait simplement à renverser la barricade qui coupait la route et à détruire ces retranchements défensifs que les imaginations avaient mal à propos transformés en approches régulières, c'était envoyer des troupes à une boucherie certaine pour des résultats dérisoires.

Il faut croire qu'à cette époque du siége le colonel Denfert subissait plus qu'il n'était raisonnable la pression de la population civile de Belfort. Effrayé par les terribles échos que nous avaient renvoyés Strasbourg, Schlestadt et Neuf-Brisach, le bourgeois paisible tremblait pour sa maison et ses biens. Tous les jours on entendait les stratégistes en paletot reprocher amèrement à la défense de laisser la place à la merci de l'artillerie prussienne. « Il faudrait faire sortir les fainéants qui encombrent nos cafés et nos rues ; il faut qu'on tienne l'ennemi à distance. » Tels étaient les discours qui se redisaient partout, et qui parvinrent aux oreilles du commandant supérieur. On peut supposer sans témérité qu'il voulut une fois pour toutes leur imposer silence et prouver aux Belfortains, je ne dirai pas son impuissance, mais ses bonnes intentions à leur égard.

Il traça lui-même le plan de l'attaque et le communiqua, dans la nuit du 14 au 15, aux officiers supérieurs chargés de le faire réussir. Le 2ᵉ bataillon du 57ᵉ provisoire (Haute-Saône-Lure) fut chargé d'aborder de front et sur la droite les retranchements prussiens par la route de Pérouse à Bessoncourt. Un bataillon du 16ᵉ de marche (Rhône) reçut l'ordre de marcher sur Denney, au nord, et d'empêcher les troupes qui se trouvaient de ce côté de porter secours à la garnison de Bessoncourt. Deux compagnies du 84ᵉ de ligne restaient en réserve près des trois pièces de campagne destinées à appuyer le mouvement de leurs feux.

On peut se demander pourquoi ce bataillon de ligne, qui constituait, au dire des rapports officiels, l'élément le plus solide de la garnison, fut cette fois et toujours tenu en réserve, au lieu de donner au premier rang l'exemple du courage aux mobiles inexpérimentés. La réponse est difficile : cette situation explique peut-être pourquoi le bataillon fut déclaré le meilleur et conserva intacte sa réputation dans les différentes péripéties du siége.

L'artillerie des forts, et particulièrement celle de la Justice,

recut des instructions pour préparer le mouvement, l'appuyer
jusqu'au moment décisif, et empêcher la poursuite en cas de
malheur. Les troupes sortirent de Belfort avant l'aube pour
attaquer aux premières lueurs du jour; et tandis que le
bataillon de la Haute-Saône marcha droit devant lui sur
Bessoncourt, les troupes du Rhône prirent la bifurcation sur
Denney. Le rapport officiel prétend que des coups de feu
intempestifs et tirés sans ordre sur des sentinelles donnèrent
l'alarme aux Prussiens et leur permirent de garnir en force
leur position retranchée. La chose est simplement inadmissible
pour qui connaît la difficulté de réunir la nuit et avec rapidité
les troupes dispersées dans leurs cantonnements. D'aucuns
prétendent que les Prussiens avaient eu vent du mouvement
projeté et l'attendaient de pied ferme dès les premières heures
du matin. Il est plus vraisemblable de supposer que l'extrême
rapidité de leur tir déconcerta nos troupes et fit prendre le
change sur leur force véritable (1).

Pendant que l'action s'engageait vers Bessoncourt, le bataillon
du Rhône, soit qu'il se trompât de route, soit que, par une
sorte de désobéissance aux instructions reçues, il se décidât à
marcher au canon, se rabattit de Denney sur Bessoncourt, et

---

[1] Le bataillon était arrivé assez près de Bessoncourt quand il essuya
quelques coups de feu; les premiers rangs y répondirent; *immédiatement* il
reçut des décharges considérables, ce qui détruit l'assertion du rapport
officiel; le colonel Denfert répondit à un officier des plus intelligents qui
s'efforça de rectifier les faits : « Ce n'est pas ce que m'a rapporté le commandant Chapelot. »

ne tarda pas à porter le trouble et la confusion dans les rangs du bataillon de la Haute-Saône, qu'il suivit pêle-mêle et sans direction précise. Les postes de Denney devenus disponibles et s'apercevant de la faute se hâtèrent d'accourir, et vinrent combiner leur action avec ceux de Bessoncourt. Malgré la fusillade, qui prit alors des proportions formidables, le bataillon de la Haute-Saône avançait toujours afin d'engager la lutte corps à corps.

L'ennemi, solidement établi derrière ses retranchements, tirait à coup sûr et se découvrait à peine, tandis que nos balles s'enfonçaient dans l'épaulement des tranchées ou passaient au-delà. Il n'en était pas de même de notre artillerie, qui démonta coup sur coup trois pièces, dont une de gros calibre, que l'ennemi cherchait à mettre en batterie derrière ses retranchements (1).

A la tête du bataillon de la Haute-Saône marche le commandant Lanoir, donnant à tous l'exemple d'un courage héroïque, animant ses hommes du geste et de la voix. Déjà il est parvenu à travers une grêle de balles jusque sur l'épaulement de la tranchée, la débordant par la droite, lorsqu'une voix mal assurée fait entendre derrière lui le signal de la retraite.

Il n'a que le temps de suivre le mouvement des compagnies pour ne pas être pris, et va se placer du côté gauche de la route

---

[1] Cette artillerie était servie par des canonniers auxiliaires de la Haute-Saône, la plupart. A la Justice, sous les ordres du capitaine Jourdanet, c'étaient encore des artilleurs de la Haute-Saône qui servaient les pièces de siége avec une rare distinction.

de Bessoncourt. Navré de la façon dont tournait l'entreprise, il attend là les ordres dù commandant Chapelot. La confusion était grande en ce moment. Les mobiles du Rhône, qui avaient débouché du bois de Pérouse, firent, à une distance énorme, une décharge dont les balles vinrent siffler dans nos rangs et firent croire un instant à un mouvement de l'ennemi sur nos derrières. Le 84ᵉ, placé à la droite de la route, s'y trompa lui-même, et se servit de ses chassepots contre le bataillon Lanoir placé à gauche. Altercation sténographiée en ce moment entre un officier du 84ᵉ et un officier de mobiles qui ramenait ses hommes : « — Voulez-vous bien avancer, tas de moblots ! — Pourquoi n'avancez-vous pas vous-mêmes ? — Vous ne voyez donc pas que vos fusils portent à quatre cents mètres et les nôtres à deux mille ! » Expression naïve de la supériorité des lignards sur la mobile ! Celle-ci s'élance en effet, Lanoir en tête, lorsqu'une balle le frappe au front et l'étend mort. Le sergent Millotte se précipite vers son cadavre et s'apprête à l'emporter sur les épaules ; ses vêtements sont criblés de balles ; il n'apporte que le képi et le sabre du malheureux commandant. Les capitaines Perret et de Nerbonne tombent également pour ne plus se relever ; deux autres officiers, les lieutenants Py et Frahier, sont blessés ; le désordre se met dans les rangs. De Phaffans, de Chèvremont accourent les renforts de l'ennemi qui achèvent de décider notre retraite. Elle s'opère après un ralliement difficile, sous la protection des compagnies de réserve et de l'artillerie des forts qui maintiennent l'ennemi derrière ses retranchements. Le colonel Denfert attendait à la porte du Vallon les résultats de sa stratégie : « Vous avez donc trouvé Bessoncourt bien occupé » fut sa seule réflexion, que nous rapportons ici textuellement, réflexion d'une profondeur effrayante lorsqu'on songe aux plans élaborés la veille, et aux cruels sacrifices qu'ils venaient de nous coûter.

La tentative sur Bessoncourt avait échoué; la faute en était, d'après le rapport du commandant Chapelot, d'abord au bataillon de la Haute-Saône, qui battit en retraite sans ordre et avec une précipitation regrettable, ensuite au bataillon du Rhône, qui ne remplit pas les instructions du gouverneur. Il est plus équitable de dire que la responsabilité de cet échec retombe sur l'état-major de la place. Qu'allait-on faire à Bessoncourt, et supposait-on l'ennemi assez dépourvu de sens militaire pour se laisser surprendre derrière des travaux nouvellement entrepris? Au lieu de canonner énergiquement la position et le village quelques jours avant l'attaque, de les rendre intenables, on lança de prime-abord de l'infanterie sans lui aplanir les voies. Les obstacles qu'elle rencontra étaient insurmontables avant que l'artillerie les eût ébréchés. Dans ces conditions, les troupes qui attaquaient étaient fatalement ou massacrées ou prisonnières. Ajoutez à cela que 1,500 hommes ne suffisaient pas pour mener l'opération à bonne fin. « Vous étiez trop faibles, » me dit un oficier prisonnier qui commandait à Chèvremont au moment de l'attaque et amena à la fin de la lutte des renforts superflus. Ce qui est constant, c'est que le bataillon de la Haute-Saône chargea à la baïonnette une position retranchée où l'ennemi s'abritait de ses coups; qu'il opéra ce mouvement avec un ensemble et une vigueur dignes des meilleures troupes; s'il succomba dans la lutte c'est par la force même des choses, par la logique de la situation. Une centaine d'hommes hors de combat, le commandant et deux capitaines frappés à mort, deux officiers blessés sont de ses héroïques efforts un assez beau témoignage. Il est au moins étrange qu'après toutes les affaires où la Haute-Saône se trouve engagée, c'est elle qui compte ses victimes, tandis que messieurs du Rhône, ou messieurs de n'importe où, se font les trompettes de leur heureuse bravoure et mettent sur ceux qui savaient mourir la responsabilité de la défaite.

L'impression que produisit à Belfort l'échec de Bessoncourt fut largement exploitée par les détracteurs de notre régiment; les avocats de carrefour s'en donnèrent à cœur-joie sur ces lâches qui n'avaient pas renvoyé vers l'autre rive du Rhin les terribles Krupp de l'ennemi. A force de se vanter à nos dépens, les soldats du Rhône s'approprièrent les héroïques victimes de cette journée : Lanoir, Perret et de Nerbonne nous furent contestés, et ce mensonge est consacré dans un récit anonyme du siége, pitoyable élucubration d'une plume ignorante (1).

Le colonel Denfert voulut bien, à la prière de M. Fournier,

[1] *Souvenirs du Siége de Belfort,* par un artilleur du Haut-Rhin.

lieutenant-colonel au 57e provisoire, envoyer au quartier général ennemi un parlementaire afin de réclamer le corps de Lanoir, tué dans la lutte. On ignorait encore le sort des capitaines Perret et de Nerbonne. Le général de Treskow accéda avec courtoisie et politesse à la demande du gouverneur. Il fut convenu que la remise des corps s'effectuerait en avant du village de Bessoncourt, et que les canons dirigés sur ce point cesseraient leur feu pendant la cérémonie. Dans l'après-midi du 16 novembre, le lieutenant-colonel Fournier, à la tête du bataillon qui avait combattu la veille, et en compagnie d'un grand nombre d'officiers de la Haute-Saône, se porta vers Bessoncourt, d'où sortirent aussitôt les troupes prussiennes chargées d'escorter les cercueils et de leur rendre les honneurs. L'ennemi les déposa sur la route, fit demi-tour, et le bataillon de Lure remporta tristement avec lui les restes de ses braves officiers. L'enterrement se fit le lendemain, sans pompe et sans éclat : on craignait un effet fâcheux produit sur la garnison. Le colonel Denfert supposa même que l'ennemi essaierait une démonstration sur le cimetière et donna l'ordre à l'artillerie de faire bonne garde de ce côté.

La perte des officiers tués à Bessoncourt était moins le deuil de la garnison que celui du département de la Haute-Saône, qui perdit là trois hommes de cœur et d'intelligence.

Le commandant Lanoir était originaire de Faucogney, dans l'arrondissement de Lure ; sorti de Saint-Cyr, il se trouvait capitaine de dragons à l'âge de vingt-six ans, lorsqu'il se maria et donna sa démission. Aimé et estimé de tous ceux qui l'approchaient, il fut élu avant la guerre membre du Conseil général de la Haute-Saône, mais il n'eut pas le temps d'y siéger. La France envahie le trouva prêt à faire pour elle, avec le sacrifice de sa tranquille et honorable position, le sacrifice plus pénible encore de ses affections de famille : il quitta une femme adorée, deux fils encore enfants, et qui, pleins du souvenir de leur héroïque père, voudront aujourd'hui marcher sur ses traces et s'inspirer de ses mâles vertus. Il prit le commandement du bataillon de Lure ; par sa franchise et sa gaieté toute militaire il devint en peu de temps l'idole du soldat, l'ami de l'officier ; sa bravoure et son intelligence lui assuraient la confiance du gouverneur. Il mourut, intrépide jusqu'à la fin, à la tête de son bataillon, entraînant par sa mort, avec la victoire qu'il croyait tenir, l'honneur de son bataillon confié dès lors à d'autres mains.

Perret et de Nerbonne étaient tous deux propriétaires dans la Haute-Saône. Le premier dirigeait à Villersexel une importante maison de banque ; il y vivait environné de sa femme et de ses six enfants aujourd'hui orphelins. Ni les prières de cette nombreuse et chère famille, ni les attraits de la fortune ne surent arrêter sa noble ambition. Soldat devant l'invasion, et nommé de prime-abord capitaine, il apporta au service sinon la vieille expérience des officiers éprouvés, du moins l'ardeur du dévouement, l'insouciance devant le danger, le mépris de la mort. De Nerbonne était officier d'infanterie démissionnaire, et reprit du service au moment de la guerre. Pour que toutes les tristesses rendissent ce désastre plus poignant et ces morts plus cruelles, lui aussi laissa derrière lui deux enfants charmantes, dont il parlait avec attendrissement à l'auteur de ces lignes l'avant-veille du combat où il devait périr !

Grandes et nobles victimes, unies dans la vie par cette amitié que cimente le péril, rassemblées à la même heure dans une destinée commune ! Si au moment suprême où vous entraîniez vos hommes à travers la mitraille, vous aviez pu songer que bientôt votre bataillon succomberait à une disgrâce plus cruelle que la mort, vous auriez béni sans doute la main qui vous couchait dans la tombe ; à coup sûr vous auriez laissé à d'autres ces démonstrations à longue distance d'où l'on rapporte et la vie intacte et l'honneur officiel. Vous avez été simplement héroïques, vous et ces braves jeunes gens tombés à vos côtés. Que d'autres soient heureux ; vous n'enviez pas leur bonheur.

Un certain nombre de mobiles accusés d'avoir jeté leurs armes dans la fuite furent traduits devant les conseils pour abandon de leur poste devant l'ennemi. Les rapporteurs, effrayés sans doute par la gravité de l'accusation et la peine qu'entraînait un verdict affirmatif (1), renvoyèrent tous ceux qui firent valoir ou une blessure ou un service exceptionnel rendu durant le combat. On ne conserva des accusés qu'une demi-

[1] La mort.

douzaine environ, dont la moitié seulement fut condamnée. Mais le colonel Denfert, qui voulait un exemple à tout prix, se vit trompé dans son attente par la justice des conseils : on écarta la circonstance aggravante d'abandon du poste devant l'ennemi, et ces malheureux soldats d'un jour, à qui l'on demandait l'héroïsme des vieilles troupes, en furent quittes pour quelques années de prison. Nous verrons comment ils se lavèrent du reproche de lâcheté, lorsqu'au plus fort du bombardement, et sous le feu direct de l'ennemi, ils furent employés à la réparation des ouvrages des Barres. — Quant au 2e bataillon du 16e de marche (Rhône) [1], qui, par une erreur inexplicable, s'était trompé de route et avait fait avorter l'attaque, les conseils de guerre le laissèrent en toute sécurité vanter ses exploits et dénigrer la Haute-Saône ; le blâme qui devait être à juste titre infligé à son commandant n'est consigné ni dans l'ordre que suggéra l'échec, ni dans la relation officielle du siége : le bataillon de la Haute-Saône expia pour tout le monde.

Tel fut, dans sa plus stricte vérité, ce sanglant épisode de la première période du siége. Opération mal conçue, mal préparée, mal dirigée par ceux à qui incombait la responsabilité des mouvements d'ensemble, elle aboutit pour le 2e bataillon de la

---

[1] Ce fut dans ce régiment que M. Denfert crut devoir choisir le successeur de Lanoir, et lorsque plus tard M. Nachon, du 3e bataillon de la Haute-Saône, eut donné sa démission, c'est encore dans le 16e de marche qu'on prit, pour le remplacer, l'officier même, dit-on, qui avait dirigé les compagnies de Bessoncourt : c'était comme un défi jeté à notre malheureux régiment.

Haute-Saône à un de ces désastres plus glorieux que certaines victoires. A cette époque de l'investissement, alors que la garnison tout entière comptait un officier blessé et une dizaine d'hommes hors de combat, la Haute-Saône avait perdu 5 officiers, dont un seulement survit à sa blessure, et 250 hommes, dont plus de la moitié étaient tombés sous le feu. Et tandis que les citations pleuvaient sur le Rhône et le bataillon du 84e de ligne, deux noms seulement des nôtres purent trouver grâce devant l'état-major de la place : l'un qui est environné d'une sanglante auréole, et qui se passe bien de ces honneurs officiels, Lanoir ; l'autre, un sergent-major du bataillon, ancien sous-officier de zouaves, et qui, pour rassurer les hommes hésitants, dépassa Cambronne à Waterloo : Cambronne dit le mot, Gaildraud fit la chose. Mais du sergent Bretignier, glorieusement tombé en entraînant ses soldats ; du sergent Millotte, qui courut sous une grêle de balles relever le commandant frappé à mort ; de Perret et de Nerbonne, enfin, qui avaient su verser leur sang généreux, il n'en est point question : nous en appelons à l'impartiale histoire.

CHAPITRE IV.

Le Mont.

Le temps était devenu affreux ; des pluies continuelles détrempaient le sol et transformaient les ouvrages avancés des Perches, de Bellevue et des Barres en une véritable mare de boue, où l'on enfonçait jusqu'à mi-jambe ; les hommes vêtus de leur vareuse, sans capote, commençaient à souffrir du froid, et cependant il fallait travailler nuit et jour pour achever les épaulements, installer les batteries, établir les plates-formes, et par quelques chemins empierrés faciliter le transport des munitions et des pièces. Ce qu'il en coûta d'efforts surhumains de la part des officiers et d'abnégation de la part des troupes, ceux-là seuls peuvent le comprendre qui se sont usés à ce travail de géant. Aux grand'gardes, on restait sur pied nuit et jour, par la pluie, par les froids, épiant l'ennemi et s'apprêtant à toute heure à lui livrer une vigoureuse résistance. Aux grand'gardes se joignait le service non moins pénible des factions sur le rempart, des piquets et des reconnaissances. Travailler durant le jour et veiller la nuit, tel était le lot de la garnison pendant trois journées sur quatre. On quittait la grand'garde après vingt-quatre heures de fatigues et de veilles, pour remuer la terre ou construire des blindages, sauf à prendre la garde à la nuit tombée et à se retrouver de piquet le lendemain.

Le jour même du combat de Bessoncourt, le 1er bataillon de la Haute-Saône, à peine remis de son échec de Grosmagny, alla relever au Mont un bataillon du 45e de ligne qui occupait la position depuis le commencement du siége. Quatre compagnies du Rhône complétèrent ce poste avancé, qui, avec la compagnie des éclaireurs du 45e à droite, dans le village de Cravanche, une compagnie du 4e bataillon de la Haute-Saône et les éclaireurs du même bataillon sur Essert, était alors défendu par près de 1,500 hommes. La nécessité d'abriter les troupes dans ces positions avancées s'était fait sentir dès les premiers jours. Dans le bois du Mont, les compagnies sans tentes, sans abris, logées tant bien que mal sous des gourbis de branchage, restaient exposées à toutes les injures du temps. On n'allumait des feux que pendant le jour, avec des peines infinies; il fallait chercher l'eau à des distances considérables. Officiers et soldats, entassés pêle-mêle dans les bois, souffraient à la fois, et sans remède, du froid, de l'humidité, du manque de nourriture et de sommeil. Cette vaillante troupe supportait toutes ces privations sans se plaindre; chaque jour qui s'écoulait envoyait à l'hôpital 40 à 60 de ces malheureux, les jambes gonflées, le corps brûlé par la fièvre ; les tempéraments robustes étaient particulièrement affectés. Et cependant pas une voix ne s'éleva pour demander un adoucissement à ces peines. Le gouverneur avait donné l'ordre de faire construire des baraques ; le commandant Petitguyot insista pour qu'on laissât les baraques et qu'on s'occupât avant tout des abattis et des retranchements qui devaient arrêter l'ennemi. Malgré ses instances, c'est par les baraques qu'il fallut commencer. Des caisses de biscuit, des poteaux télégraphiques furent conduits au Mont pour servir à ce travail. On se mit à l'œuvre ; mais la besogne avançait péniblement, entravée par le mauvais temps, la diminution de l'effectif, la perspective de travailler pour un ennemi dont rien ne pouvait arrêter la marche.

Huit jours entiers s'écoulèrent ainsi sans qu'on obtînt un résultat appréciable. Les souffrances étaient devenues intolérables, les hommes tombaient de fatigue et d'épuisement. L'observation la plus superficielle démontrait à tous que, le jour de l'attaque, les armes tomberaient des mains de ces hommes, et que l'ennemi aurait beau jeu de les refouler dans la place. Des alertes continuelles, sans résultat et sans but, après avoir surexcité au premier abord, avaient ralenti la vigilance et répandu dans les âmes cette sorte de torpeur et d'apathie où l'homme reste sans force et sans énergie pour défendre jusqu'à sa sécurité personnelle. Il semblait que la mort même fût préférable à ces tortures de tous les instants, à cette existence de privations et de misère dont on ne pouvait prévoir le terme. La teinte grise et monotone du ciel, les arbres tordus par les orages d'automne, les feuilles pourries qui jonchaient la terre et formaient un lit immonde où le repos était une souffrance, reflétaient dans les âmes leur mélancolique indifférence, et puisqu'il fallait mourir, autant valait le fer de l'ennemi que ce supplice sans fin et sans remède.

Et néanmoins les troupes tenaient bon ; la nouvelle de la victoire d'Orléans parvenue dans la place, confirmée par la dépêche du roi Guillaume à Augusta, avait pénétré tous les cœurs d'une nouvelle et irrésistible espérance. Nos efforts avaient un but certain, et concouraient à l'œuvre glorieuse de la revanche, à la libération du sol envahi. Belfort pouvait devenir le centre d'une opération stratégique destinée à interrompre les communications de l'ennemi avec l'Allemagne. Ce dernier boulevard de l'Est, il fallait le conserver intact et formidable, pour qu'à l'heure de la retraite l'armée d'invasion vînt s'y briser comme la vague contre le rocher du rivage. Hésiter au moment suprême, marchander ses peines et ses fatigues lorsqu'à deux cents lieues de nous nos frères se faisaient tuer pour vaincre, était une lâcheté que nous repoussions de toute l'énergie de notre patriotisme. Souffrir quand même et mourir s'il le fallait, telle était l'invincible résolution de la garnison de Belfort.

Depuis trois semaines, l'ennemi était autour de nos murs sans avoir entrepris une seule opération sérieuse ; à Grosmagny, nous avions vainement cherché à lui barrer le passage ; nous étions allés à Bessoncourt dans l'espérance de défaire ce qu'il avait si bien réussi dès le premier jour ; nous en étions revenus avec un échec de plus, mais avec la consolation d'avoir noblement accompli notre devoir. Les rôles allaient changer ; l'ennemi, étonné de cette audacieuse défense qui maintenait nos troupes jusqu'à portée de ses cantonnements, sembla comprendre que les beaux temps de Strasbourg et de Neuf-Brisach allaient finir. Il se trouvait en face d'un plan de défense nettement accusé, en face d'une énergie à laquelle il n'avait pas été habitué jusqu'alors. Entre sa ligne d'investissement et la ligne de nos forts, le colonel Denfert avait réussi à en établir une autre qu'il fallait briser à tout prix pour commencer le siége. Le général de Treskow choisit la plaine d'Essert et la pente sud du Mont comme le point le plus vulnérable et le plus propice à ses desseins. L'attaque fut conduite avec une précision et un ensemble vraiment merveilleux, tels que des troupes fortement disciplinées en peuvent seules obtenir.

Le 23 novembre, à trois heures de l'après-midi, un officier du 4e bataillon de la Haute-Saône s'en allait à Essert, par ordre de son commandant, pour distribuer à la compagnie d'éclaireurs installée au village les vivres et la solde. Sa tâche accomplie, il visita, par une pluie battante, les différentes positions de nos troupes ; il pénétra jusqu'aux abords de Châlonvillars pour se rendre compte par lui-même des forces de l'ennemi et des desseins qu'il pouvait entreprendre. On avait vu les jours précédents des forces considérables se masser sur ce point, et de sourdes rumeurs annonçaient une attaque probable. On avait dit aussi au village d'Essert que des pantalons garance avec des képis avaient été distribués aux Prussiens de ce côté, afin de surprendre notre vigilance ; rumeurs absurdes, dont il fallait néanmoins avoir le cœur net. A quatre heures et quart, l'officier en question, accompagné d'un sergent du 45ᵉ de ligne, d'un sous-officier de la grand'garde et d'un soldat, sortaient d'une maison située à l'extrémité du village lorsqu'ils aperçurent à droite et à gauche, dans les prés, dans les bois, de longues files de tirailleurs qui s'avançaient à grands pas et leur criaient de se rendre prisonniers. Sauver la compagnie d'éclaireurs occupée à manger sa soupe au centre du village, prévenir la grand'garde et la place par une résistance bruyante, était le seul parti à prendre. Pas une sentinelle n'avait été placée par les éclaireurs. La pluie qui tombait depuis une heure avec une abondance inouïe, la sécurité des jours précédents, je ne sais quelle confiance insensée avaient fait relâcher les troupes de leur vigilance habituelle.

Le danger était pressant. L'officier n'hésita pas un seul instant ; donner aux hommes qui l'accompagnaient l'ordre de prévenir le fort des Barres et la place, s'élancer lui-même à travers le village, réunir les éclaireurs, les joindre à la grand'garde et les abriter dans une position solide, fut l'affaire de quelques secondes. L'ennemi, qui croyait nous surprendre, s'avançait la tête haute à travers le village, poussant devant lui les paysans effarés, qui cherchaient à sauver leur bétail et leurs biens. Par le chemin vicinal de Châlonvillars à Cravanche, une seconde colonne prussienne se répandait dans le bois du petit Salbert, et, à quatre heures et demie précises, toutes ces forces, qui s'élevaient à près de 3,000 hommes, abordèrent résolûment la longue ligne de défense qui s'étend du ravin de Cravanche à la route de Lure. Treskow essayait, sur la position du Mont, un de ces mouvements tournants qui sont le secret de la tactique prussienne, et qui devait avoir pour but d'isoler les postes avancés de leurs communications avec Bellevue et les Barres. Mais il avait compté sans ce hasard providentiel qui entrava le mouvement au moment où il se tournait pour nous en un véritable désastre. Jamais les dangers que courait la position d'Essert n'avaient apparu avec autant d'évidence ; cinq minutes de plus de retard eussent suffi à l'ennemi pour lui faire franchir les dernières maisons d'Essert, l'amener sur la gauche de notre position du Mont, et prendre en flanc et à revers les troupes sans défiance.

Les colonnes débouchant par Essert et par les prés ondulés qui se relèvent à droite et à gauche vers les bois du Coudray et de la Côte, furent les premières en vue. Un silence de mort plana un instant comme un sombre nuage sur les troupes en présence ; puis tout à coup, au moment où l'ennemi dépassait une ligne de buissons à deux cents mètres de nos lignes, une formidable détonation retentit sur le village et jeta dans les rangs de l'assaillant l'hésitation et la stupeur. Ramassant ses blessés et ses morts, il quitte le terrain découvert où nous l'avions attendu, et va se placer derrière les buissons qu'il avait franchis tout à l'heure. Il ouvre de là un feu à volonté qui ne nous fait aucun mal, et auquel nous répondons avec vigueur.

Pendant ce temps, l'action s'est engagée également sur Cravanche et dans les bois ; une ligne de feu intense enveloppe notre position ; quelques volées de mitraille font craquer les branches au-dessus de nos têtes et s'abattent comme un ouragan sur les glacis des Barres et sur le faubourg de Paris. Que fait-on pendant ce temps dans l'intérieur de la place ? Pourquoi le canon du château, pourquoi les forts des Barres et de Bellevue restent-ils silencieux ? Nos messagers sont-ils arrivés ? Et, dans ce cas, pourquoi l'artillerie hésite-t-elle à ouvrir le feu ? Elle n'avait point d'ordre, a-t-on dit depuis, et elle en attendait. Mais chaque minute qui s'écoulait donnait à l'ennemi un avantage de plus.

Le préjugé, universellement répandu que la hauteur du Mont était par elle-même une position formidable, faisait prévoir à tort que l'effort de Treskow porterait principalement de ce côté. L'événement démontra que l'attaque de Cravanche et des bois n'était qu'une feinte, et que le véritable objectif du mouvement était la plaine de Bavilliers à Essert. Bientôt le doute même ne nous fut plus permis à cet égard. La colonne principale, qui avait en toute sécurité fouillé le village d'Essert, détacha des pelotons d'attaque à gauche dans le bois de la Côte, et, à la faveur des maisons, s'avança jusqu'au pied de la hauteur où nous étions établis. La grand'garde du 3ᵉ bataillon de la Haute-Saône, installée dans un bouquet de bois au centre de la plaine d'Essert, fut assaillie à son tour. 400 à 500 hommes d'infanterie s'installèrent, malgré les balles, entre la route et cette grand'garde, s'apprêtant à nous déborder par la gauche et à nous refouler dans le bois du Mont sur le 1er bataillon de la Haute-Saône et les quatre compagnies du 16e de marche (Rhône) qui y soutenaient la lutte.

La nuit tombe rapidement, et tout autour de nous les hourras formidables de l'ennemi, qui s'aperçoit de ses avantages, nous annoncent un désastre. Il ne reste pour y échapper qu'à opérer de nous-mêmes, et en défendant le terrain pied à pied, le mouvement que l'ennemi voulait précipiter avant la nuit. A droite, la compagnie des éclaireurs du 45e avait abandonné une partie de Cravanche, après avoir perdu une trentaine d'hommes. Au centre, le 1er bataillon de la Haute-Saône, après avoir fléchi un instant, avait réussi à maintenir intacte sa ligne de défense. A gauche, nous étions débordés, mais solides encore. Reculer vers le sommet de la côte, et couvrir ainsi le flanc des troupes qui se battaient dans le bois, fut le parti auquel s'arrêta l'officier qui commandait à Essert.

Le mouvement s'exécutait lorsque les premiers obus de la place, tombant dans les colonnes de l'ennemi qui s'avançait en vociférant, vinrent porter le désordre dans ses rangs. On vit l'infanterie prussienne, se dispersant à droite et à gauche par les prés, les bois et le village, abandonner plus vite qu'elle ne les avait conquis les abords d'Essert. Une trentaine d'hommes de la compagnie d'éclaireurs et de la 8e compagnie du 4e bataillon de la Haute-Saône s'élancèrent au pas de course, réoccupèrent la ligne des hauteurs qu'ils venaient de quitter, et poursuivirent d'un feu nourri l'ennemi qui se débandait dans la plaine. Mais une embuscade les assaillit à bout portant et les força à reculer une seconde fois; l'obscurité, qui devenait plus intense, recommandait la plus extrême circonspection; l'on se replia sur le poste de la ferme Juster, qui était resté immobile durant la lutte, et qui servit de point de ralliement aux troupes.

Le mouvement tournant que l'ennemi avait tenté sur la position du Mont n'avait pu aboutir, grâce à l'énergique résistance que lui avaient opposée sur les deux flancs les éclaireurs du 45e de ligne et ceux du 4e bataillon de la Haute-Saône. Mais le village d'Essert, ainsi que la partie occidentale de la plaine qui s'étend de ce village à celui de Bavilliers, étaient tombés en son pouvoir. On pouvait prévoir que la lutte, interrompue par les ténèbres, recommencerait avec le jour, et les dispositions furent prises en conséquence. Des renforts avaient été portés dans les plis de terrain qui séparaient Bellevue des Barres, et toutes les troupes durent passer la nuit sous les armes, sans nourriture depuis le matin, dans une boue profonde, sous des bois chargés de pluie.

Le commandant Petitguyot envoya son adjudant-major rendre compte au commandant supérieur; le commandant Chabaud, des Barres, lui expédia également l'officier qui, à Essert, avait dirigé la lutte. Ces deux officiers trouvèrent le colonel Denfert penché sur une carte des abords de la place, et visiblement satisfait du mouvement de l'ennemi, qu'il considérait comme une faute. « Ils sont à Essert, à Cravanche, dans le ravin et les bois; je veux qu'ils y restent, » disait-il; en même temps il expédia à l'artillerie de tous les forts l'ordre d'ouvrir un feu à volonté sur toute la ligne de Bavilliers à Cravanche. Bientôt la canonnade commença formidable comme jamais elle n'avait encore retenti sur Belfort. Aux pièces de position s'était jointe la batterie de campagne, qui, postée au hameau de la Forge, enfilait le ravin de Cravanche et en rendait le séjour intenable.

A l'entrée de ce ravin, en deçà des pentes du Mont, est située la ferme Georges, bâtiment considérable qui devait servir à couvrir notre gauche, à arrêter la retraite des troupes si l'ennemi les forçait à quitter le Mont. Une compagnie du 65° de marche (Rhône), sous le commandement du capitaine Condamin, reçut l'ordre d'occuper cette ferme et de s'y retrancher. Mais quoiqu'il fût aisé de s'assurer par la carte, distribuée à tous les chefs de corps, de la position de la ferme, la compagnie fit fausse route et alla encombrer la ferme Juster, au hameau des Barres. Le commandant Chabaud, chargé de s'assurer si l'ordre relatif à la ferme Georges est exécuté, y envoie un sergent et quelques hommes, qui la trouvent dégarnie de défenseurs. Force est d'affaiblir encore la garnison des Barres, dont trois compagnies sont déjà aux avant-postes; le capitaine de Beau-séjour, avec la 5° compagnie du 4° bataillon de la Haute-Saône,

le lieutenant Galmiche avec une partie de la 2e, se mettent en
route à deux heures du matin, et s'orientant tant bien que mal
à travers l'obscurité profonde, gagnent la ferme par des prés
inondés et des champs boueux où les hommes trébuchent à
chaque pas.

Ils emportaient des pioches et des pelles, avec l'ordre de
créneler les murs, de faire des barricades, de creuser des
fossés, et, après avoir transformé le bâtiment en redoute, d'y
tenir jusqu'au dernier. Le colonel Denfert craignait sans doute
que le 1er bataillon établi au Mont ne fût ramené trop vivement
en arrière par un retour offensif de l'ennemi ; il jetait ainsi sur
le chemin des nôtres un appui solide, où il leur était possible
de s'accrocher assez longtemps pour empêcher que la retraite
ne devînt un désastre. C'était bien mal connaître l'ennemi que
de lui supposer d'aussi audacieux desseins. Satisfait de son
demi-succès de la veille, il ne songeait plus qu'à s'établir solidement aux abords d'Essert ; il attendait du temps et de la
fatigue de nos troupes que le Mont, ainsi menacé sur sa gauche,
fût évacué par elles. Sa confiance cependant pouvait lui devenir
fatale.

Cette nuit-là, nul ne ferma l'œil au bois du Mont ; tout le
monde sentait que la lutte engagée le soir reprendrait le
lendemain ; les sentinelles avancées n'étaient qu'à quelques
mètres les unes des autres, se dissimulant derrière les arbres
et les buissons, attendant le premier rayon du jour pour
rouvrir le feu. Les officiers circulaient au milieu des hommes

harassés de fatigue, affamés et grelottant, et les ranimaient de leur mieux. Pendant ce temps, les projectiles de la place fouillaient tous les abords de la position du côté de l'ennemi, et lui faisaient payer cher la bande de terrain qu'il avait conquise au soir.

L'aube se leva enfin, et avec elle le combat reprit plus acharné encore que la veille. L'ennemi avait considérablement fortifié sa ligne de bataille, notamment sur sa droite, vers Essert et en avant du Coudray. Le commandant Petitguyot avait, de son côté, reçu du renfort ; trois compagnies du 65e provisoire (Rhône) étaient venues prendre position en face de Cravanche et du petit Salbert, tandis que les quatre compagnies du 16e de marche (Rhône) soutenaient la lutte à l'aile opposée. L'ennemi fut reçu avec une telle vigueur qu'à huit heures du matin il était repoussé sur toute la ligne ; notre gauche gagnait du terrain, et descendait rapidement la pente ouest du Mont, d'où elle menaçait sérieusement le village d'Essert et ses abords occupés par l'ennemi après le combat de la veille. Au centre, il est vrai, le 1er bataillon du 57e, plus fatigué que les autres, dut se replier après un combat acharné, et gardait le sommet de la position dont les Prussiens occupaient la pente.

Mais en ce moment le tir de la place, au lieu d'appuyer le mouvement de notre infanterie et de se régler sur elle, devint à tel point irrégulier que les obus allaient tomber sur les nôtres, et firent dans nos rangs quelques victimes. Le commandant Petitguyot put craindre un instant que ses troupes, ainsi prises entre le feu de la place et celui de l'ennemi, ne cédassent à un accès de découragement et de frayeur. Sur les instances de quelques officiers du Rhône, les mêmes sans doute qui, après l'affaire, lui reprochèrent sa retraite, il s'apprêta à revenir en arrière pour laisser à l'ennemi tout le terrain que balayait notre artillerie.

Mais, dans l'intervalle, nos forts prévenus avaient cessé le feu ; malgré l'épuisement de ses troupes, M. le commandant Petitguyot reprit l'offensive, et s'il ne réussit pas à refouler l'ennemi, il se maintint du moins avec fermeté dans ses positions primitives. Les Allemands inaugurèrent, dans cette phase du combat, une ruse souvent employée durant le siége. Tantôt ils s'avançaient sous bois et à la faveur de la brume, en criant : « Ne tirez pas, ce sont des mobiles ; » tantôt ils faisaient sonner par leurs clairons notre retraite, et déroutaient nos soldats placés entre des commandements contraires (1).

La lutte flottait ainsi depuis sept heures du matin sans résultats appréciables, mais au prix des plus grandes fatigues pour nos soldats, qui depuis dix-huit heures n'avaient pris ni repos ni nourriture. Leurs provisions de cartouches étaient

----

(1) Beaucoup d'officiers ayant cru observer durant le siége des ruses analogues, nous les rapportons sans les discuter. Elles inspirèrent au colonel Denfert un ordre emphatique, où il est question de l'Édit de Nantes et de l'intolérance religieuse. Nous devons ajouter que les officiers prussiens nient énergiquement cette sorte de déloyauté qu'on leur reproche. Le lecteur jugera s'il faut en croire leur parole.

épuisées ; et soit que le colonel Denfert eût oublié de faire prévenir M. le commandant Petitguyot, soit que des ordres donnés à cet égard fussent restés sans exécution, les réserves de munitions transportées à la ferme Juster durant la nuit ne purent être utilisées que par les troupes de gauche plus rapprochées ; tout le 1er bataillon du 57e resta réduit à la provision ordinaire de soixante cartouches par homme, et le combat durait depuis huit heures. Lorsque les hommes eurent tiré leur dernière cartouche, et que, talonnés par la faim, ils se demandaient en vain pourquoi on les abandonnait ainsi sans secours et sans trève, le découragement commença à les gagner.

On a prétendu que, le matin du 24 et même pendant la nuit, la ferme Georges avait été remplie de fuyards qui abandonnaient leurs postes de combat. Le fait est inexact ; vers neuf heures seulement les officiers du 4e bataillon qui retranchaient la ferme virent venir à eux quelques pauvres diables à demi-morts de fatigue On leur distribua quelques provisions, et d'eux-mêmes ils allèrent reprendre leur part du combat. A peine, à dix heures du matin, 50 hommes étaient-ils venus chercher moins un refuge qu'un morceau de pain. Ainsi tombe, au témoignage des officiers qui occupaient la ferme, cette accusation officiellement confirmée d'une débandade du 1er bataillon.

Tous ces soldats que le capitaine de Beauséjour avait un instant hébergés à la ferme Georges montraient leurs cartouchières vides ; il fallait au plus tôt remédier à cet état de choses ; l'on ne conçoit guère comment la place, qui savait la lutte engagée depuis la veille au soir et qui pouvait juger de son importance par l'intensité de la fusillade, n'a pas songé à faire parvenir, sur les lieux mêmes, des munitions de réserve. On en avait transporté, il est vrai, à la ferme Juster ; mais cet approvisionnement était trop distant des positions occupées par le 1er bataillon pour qu'il fût possible d'y puiser en quantité suffisante sans dégarnir la ligne de bataille. Il ne semble pas naturel ni logique que l'infanterie ait le souci de chercher en arrière de quoi remplacer ses munitions épuisées ; à l'artillerie de les lui porter sur le terrain même de la lutte pour en faciliter la distribution. Or rien de tout cela n'était venu à l'esprit de personne aux bureaux du commandant supérieur. M. le capitaine de Beauséjour, qui, à dix heures, alla rendre compte au colonel Denfert, le trouva fort étonné que les troupes du Mont fussent harassées, n'ayant pas mangé depuis vingt-quatre heures, et que les cartouchières fussent vides après dix heures de combat. Ordre fut donné à l'artillerie de porter une provision de cartouches à la ferme des Barres, à quatorze cents mètres en arrière du théâtre de la lutte. Il était onze heures du matin. Le commandant Petitguyot a-t-il jamais pu connaître cette mesure, ou, l'ayant connue, pensa-t-il à l'impossibilité d'en profiter ? il n'importe guère. En même temps le commandant Hermann, du 45e de ligne, reçut l'ordre de se porter au secours des troupes du Mont, et de les relever en première ligne pour qu'il leur fût permis de reprendre haleine.

Il est véritablement surprenant qu'une mesure de cette nature ne fût prise qu'aussi tardivement. Quoi ! M. le colonel Denfert savait que les troupes du Mont, réduites et harassées par douze jours de séjour dans ces bois humides et boueux, avaient dû repousser l'ennemi le soir au moment de manger la soupe ; qu'elles avaient passé la nuit l'arme au pied, surveillant les Allemands établis à quelques mètres de nos avant-postes ; que le combat avait repris à la pointe du jour sans trève et sans répit, et il faut qu'un officier subalterne lui dépeigne la situation de ces hommes pour le décider à envoyer du renfort, tandis que la place et les ouvrages regorgeaient de troupes fraîches, reposées, repues et disponibles ! Comment est-il supposable que ni M. Denfert ni un officier de son état-major n'ait daigné pousser jusqu'au lieu du combat pour apprécier *de visu* la situation et les mesures qu'elle réclamait ? Telle est cependant la stricte vérité. Est-il surprenant que des hommes qui font ainsi la guerre en artistes la jugent de même, et rejettent sur une troupe surmenée les résultats de leur propre incurie ?

Le commandant Hermann arriva trop tard ; lui non plus ne se souciait pas de prendre au Mont la responsabilité des faits qui s'y passaient depuis la veille ; son bataillon mit à se rassembler juste assez de lenteur pour ne pas arriver à temps. Il s'apprêtait enfin à franchir la ligne des forts lorsque des bois du Mont l'on vit déboucher en bon ordre et conduites par leurs officiers les compagnies qui, depuis la veille, s'y épuisaient en héroïques efforts. Etaient-elles vaincues et repoussées? Non, elles cédaient à la famine, à la fatigue, au froid, accusant non sans raison l'indifférence ou l'incurie du gouverneur, qui semblait les avoir sacrifiées de gaieté de cœur. Les quatre compagnies du 16e de marche (Rhône) se retirèrent par les carrières et la route d'Essert, ainsi que la partie du 65e qui formait notre droite sur Cravanche ; le 1er bataillon du 57e se rallia autour de la ferme Georges, et, laissant une compagnie pour couvrir sa retraite, se replia sur le faubourg de Lyon et les glacis des Barres. Il y rencontra le bataillon du 45e de ligne envoyé à son secours, et put apprendre ainsi qu'on ne l'avait pas oublié tout à fait. Ceux qui ont vu ce jour-là ces braves soldats avec la pâleur au visage, les vêtements en lambeaux et couverts de boue, mais calmes et impassibles, attendant que leurs frères, moins malheureux, voulussent bien partager avec eux un peu de pain ou une goutte d'eau, ne purent s'empêcher de mettre en doute l'intelligence pratique du gouverneur. Le lecteur jugera si ce doute était hasardé.

C'est cependant à cet instant même qu'une inspiration véritablement militaire, la plus heureuse peut-être de la durée du siége, traversa l'esprit du colonel Denfert. Joindre au bataillon de M. Hermann la batterie de campagne avec quelques compagnies d'infanterie disponibles, jeter ces forces sur un point tout opposé au théâtre de la lutte qui finissait, et, par cette diversion, prendre en défaut la surveillance de l'ennemi, tel fut le projet du gouverneur. Le point d'attaque fut heureusement choisi ; l'état-major fixa comme objectif du mouvement le village de Sevenans, situé au sud de Danjoutin, point de jonction des routes de Delle et de Montbéliard. Aller à Sevenans c'était entrer comme un coin dans la ligne d'investissement, s'installer au centre du réseau des communications ennemies, partant opposer un obstacle sérieux aux opérations du siége. Mais, pour que ce plan eût quelque chance d'aboutir, il fallait agir avec rapidité et énergie, se décider à une offensive véritable, et exclure du programme les faciles démonstrations à longue distance. C'était le cas ou jamais de mettre à l'épreuve ce brave 84e de ligne, proposé sans cesse comme modèle à la garnison. On aima mieux le réserver pour les grandes circonstances et se reposer du succès sur une troupe nouvellement recrutée parmi les ouvriers alsaciens que la guerre chassait des manufactures, et dont l'esprit détestable n'était un mystère pour personne. On leur adjoignit deux compagnies de la mobile des Vosges, une compagnie du Rhône, et les quatre pièces du capitaine Verchère.

Pendant que ces troupes filaient sur Danjoutin par le Fourneau et le faubourg, le 4e bataillon de la Haute-Saône reçut l'ordre de quitter les Barres et de faire dans le Mont un vigoureux simulacre d'attaque, pour mieux tromper l'ennemi sur nos intentions véritables. L'artillerie continuait à canonner avec une fureur toujours croissante les abords d'Essert, de Cravanche, du Valdoye, occupés par l'ennemi à la suite de ses succès.

Arrivé au pied du Mont, le commandant Chabaud fit déployer en tirailleurs la compagnie d'éclaireurs commandée par les sous-lieutenants de Prinsac et X..., qui, depuis la veille, avaient soutenu la lutte autour d'Essert et dans les bois. Une partie de cette compagnie se précipita sur Cravanche, conduite par M. de Prinsac lui-même, trouva l'ennemi débusqué du village par les obus de la place, et y recueillit, avec les armes et les effets que les Prussiens avaient abandonnés, les munitions et le campement que les éclaireurs du 45e de ligne n'avaient pu sauver la veille. La seconde section des éclaireurs, ayant à sa tête le sous-lieutenant X..., entra au pas de course dans le bois évacué par le 1er bataillon, en gravit le sommet sans rencontrer l'ennemi, et constata que, sous les obus et les bombes de la place, cette position était devenue complétement intenable. Les arbres étaient brisés, hachés en mille morceaux ; les gourbis de branchage qui avaient abrité le 1er bataillon tombaient les uns sur les autres ; pas un mètre de terrain sur la pente ouest de la hauteur et au fond du ravin qui ne fût ravagé par cette tempête de fer qui, depuis la veille, sillonnait cette position en tous sens. Les rares postes ennemis qui se dissimulaient tant bien que mal dans les tranchées du bois, dans les trous et les carrières, témoignaient par leur attitude qu'ils ne résisteraient pas à une vigoureuse offensive de notre part. Ils se repliaient à mesure que nous apparaissions à leurs yeux, rampant et se rapetissant pour se dérober à la mort qui les menaçait de toutes parts, s'accrochant à tous les obstacles, et lâchant au hasard des coups de feu isolés. Le sous-lieutenant X..., ignorant comme tout le monde le caractère purement simulé de cette attaque, avait fait demander à plusieurs reprises qu'on cessât le feu des forts pour aborder à la baïonnette un ennemi débandé ; le succès paraissait certain ; mais les obus ne cessaient de pleuvoir ; ils tombaient jusque sur notre ligne de tirailleurs et entravaient tous ses mouvements.

Pendant ce temps, le bruit d'une véritable bataille s'élevait sur Sevenans et ses abords. L'artillerie de campagne mêlait ses détonations au formidable tonnerre des canons et des mortiers de siége. Le Valdoye brûlait ; la brasserie de Cravanche était en feu ; Essert commençait à flamber sur plusieurs points ; l'ennemi, abasourdi et stupéfait, tremblait à Sevenans qu'Essert ne fût emporté, à Essert que Sevenans, presque dégarni, ne tombât en nos mains. Si en ce moment une attaque d'ensemble avait été ordonnée sur cette longue ligne de bataille qui s'étendait de Cravanche à Sevenans, il ne paraît pas téméraire de croire que les Allemands, découragés, eussent évacué toutes les positions conquises le matin, rétrogradant sur leur seconde ligne, sauf à revenir plus tard. Mais le colonel Denfert, qui jugeait de l'entrain de ses troupes à distance, ignorait sans doute ce qu'un pareil moment avait jeté dans tous les cœurs d'ardeur et d'énergique courage. Jusqu'à la nuit tombée, nous restons en face d'un ennemi vaincu à l'avance, furieux de ne pouvoir franchir le dernier pas qui nous séparait d'une victoire. Peu à peu le canon de Sevenans se réduit au silence, l'obscurité tombe et l'espoir s'évanouit ; on commande par le flanc ; nous défilons devant les postes ennemis qui nous saluent de leur fusillade, et nous rentrons au fort, désespérés de n'avoir pu vaincre, maudissant cette défiance de l'état-major qui n'avait osé nous mettre plus sérieusement à l'épreuve.

Ainsi finit cet épisode du siége ; le combat, engagé le 23 novembre à quatre heures et demie du soir, interrompu par la nuit et la fatigue des troupes, s'était rallumé dès l'aube du 24 pour se terminer en apparence à midi par la retraite des nôtres. Mais il recommence aussitôt sur le terrain même que nous venions de quitter ; il prend une face nouvelle par l'attaque de Sevenans, et la nuit qui tombe met une seconde fois un terme à la lutte, au moment où les revers du matin tournaient en une grande et importante victoire.

Deux bataillons de la Haute-Saône s'y étaient trouvés engagés. Le 1er bataillon (Gray) avait soutenu le choc principal, et pendant vingt heures maintenu intacte sa ligne de bataille, ne cédant enfin qu'à l'épuisement extrême de ses forces et de ses munitions ; les éclaireurs du 4e bataillon (Vesoul), par leur énergique résistance à l'aile gauche le 23 au soir, par leur entrain dans l'après-midi du 24, enfin le 4e bataillon tout entier par sa contenance calme et résolue qui, intimidant l'ennemi, l'immobilisa aux abords d'Essert, avaient dignement accompli leur devoir. Des rapports furent adressés au colonel Denfert, des noms cités par les chefs de corps, juges des efforts de leurs troupes ; mais les heureux temps de Roppe et des Errues étaient passés ; la perte du Mont était trop douloureuse au cœur de M. Denfert pour que ce sentiment laissât place à la juste appréciation des hommes et des choses. Cette fois du moins on craignit de faire des jaloux dans la garnison; personne ne fut ni félicité ni blâmé par voie officielle, et le 16e de marche (Rhône), dont quatre compagnies, à côté du bataillon de Gray, avaient combattu avec un entrain remarquable, partagea la destinée de notre régiment.

Les résultats de la journée étaient considérables : l'ennemi nous enlevait la première position avancée de la place; il rompait le réseau dont le colonel Denfert avait environné la ligne des fortifications, réseau de protection bien plus que de surveillance ; il approchait de la ville et se mettait en mesure d'ouvrir le bombardement. Une fois entamé sur un seul de ses points, ce rempart humain jeté au-devant des murs allait lambeau par lambeau tomber au pouvoir de l'assiégeant ; là où avaient campé nos grand'gardes allaient s'installer des batteries de siége, et le jour n'était pas loin où, sur la ville de Belfort, devait éclater cette tempête de fer qui avait fait capituler Strasbourg, Schlestadt et Neuf-Brisach.

En lisant le récit officiel du siége, on est tenté de croire que le colonel Denfert eût prévu cette éventualité redoutable, et tout essayé pour en écarter les épreuves. On occupait, il est vrai, d'une manière assez sérieuse, au nord de la place, le hameau de la Forge, au pied de la Miotte ; au sud, les villages de Pérouse et de Danjoutin, qui flanquent les Perches. Mais en remarquant que les villages de Bavilliers et d'Essert avaient été abandonnés à de faibles postes de surveillance ; qu'à Essert surtout, le long des bois de la Côte et du Coudray, on avait négligé d'installer des forces suffisantes pour arrêter l'assiégeant, il n'est pas téméraire de supposer que le gouverneur fût encore à la recherche de son plan de défense, et qu'en particulier la perspective d'un bombardement n'entrât pour rien dans ses calculs.

Si nous examinons ce qui s'est passé durant les journées des 23 et 24 novembre, cette supposition probable devient une certitude. En occupant le Mont avec des forces considérables, le gouverneur semblait sacrifier au vieux préjugé que les abords dominants d'une place sont les plus dangereux pour la défense. Il ignorait ce que le siége nous apprit avec une cruelle évidence : que des batteries installées en plaine, derrière un faible épaulement ou dans une légère dépression de terrain, sont au moins aussi redoutables ; que les tranchées creusées dans la terre au lieu de l'être dans le roc, avançant plus rapidement, sont plus à portée des munitions et des pièces ; que les cheminements, à peu près impossibles sur une pente descendante, ne présentent plus sur un plan horizontal que les difficultés ordinaires ; qu'en un mot, à une distance de trois kilomètres ou plus, l'avantage de voir est d'une importance médiocre, puisqu'on ne saurait rien voir distinctement, tandis que l'avantage d'avancer vite et de tirer beaucoup est immense.

Admettons que la position du Mont, dont l'ennemi ne se servit jamais, soit en effet pour les forts des Barres et de Bellevue une menace sérieuse ; acceptons comme fondées les craintes de M. Denfert, et demandons-nous ce qu'il a fait pour les empêcher de devenir réalité. Il jette au Mont un millier d'hommes par les temps affreux de novembre, sans vêtements et sans abris ; il les laisse pendant douze jours de pluie et de froid se morfondre et se démoraliser dans les bois ; il suppose que l'ennemi, dont l'active surveillance surprend tous nos mouvements, les laissera paisiblement s'installer et s'abriter, qu'il leur permettra d'élever des retranchements, de creuser des fossés, et n'attaquera enfin qu'après tous ces obstacles entassés devant lui. Les abris, qui n'existaient pas au Mont, étaient tout naturellement dans Cravanche et Essert. Avec une ligne de grand'garde établie en avant de ces villages sur la lisière des bois, et les troupes cantonnées dans les maisons et les granges, on possédait les éléments d'une sérieuse résistance. Tant qu'Essert restait dans nos mains, l'installation des batteries de bombardement à l'ouest de la place était peu à craindre ; Essert tombé aux mains de l'ennemi, le Mont était tourné et perdait son importance.

Arrivons au jour de l'attaque : après le combat du 23 au soir, ou le colonel Denfert jugeait la position du Mont comme perdue pour nous, ou il avait des espérances en même temps que des motifs de la défendre encore. Dans le premier cas, pourquoi exposer plus longtemps et de gaieté de cœur des troupes à un massacre inutile ? Dans le second, pourquoi ne s'être pas transporté sur les lieux, avoir pris et fait prendre des mesures énergiques de résistance, envoyé des secours efficaces, mis à l'épreuve les troupes réputées solides dans la garnison? Avec la formidable artillerie dont disposait la place, et à laquelle, en ce moment, l'ennemi ne pouvait répondre, il n'était pas impossible de tenter quelque action sérieuse et de la mener à bonne fin. Au lieu de cela, après l'attaque du 23 novembre, on fait classiquement garder les parapets non-seulement de Bellevue et des Barres, mais de la ville même, et, si je ne me trompe, les rochers du Château et de la Miotte. On double les piquets, on lève les ponts-levis, on ferme les portes, comme si nous étions encore au temps d'Horatius Coclès ou des oies du Capitole. Nulle trace de quelque vigoureuse et intelligente résolution; sauf la démonstration sur Sevenans, tardivement entreprise et mollement conduite, rien qui ne fût la pratique des vieilles routines.

Qui eût dit alors que ce siége, inauguré sous de pareils auspices, serait le plus beau et le plus long de notre histoire? Cette réflexion, je la fais à M. Denfert lui-même afin que, s'il est possible, il rende à ses troupes la justice qui leur est due, et abdique cette étrange prétention inscrite à chaque page de son livre : « Belfort c'est moi ! »

La perte du Mont et d'Essert ne tarda pas à porter ses fruits; le 27 novembre, l'ennemi, voulant couvrir contre toute attaque de Bavilliers la droite de ses nouvelles conquêtes, essaya d'enlever la grand'garde placée sur la lisière du bois. La 1re et la 7e compagnies du 2e bataillon de la Haute-Saône (Lure) déjouèrent cette tentative ; mais, le lendemain, ces mêmes postes, relevés par trois compagnies du 65ᵉ (Rhône), furent désertés à peu près sans combat, et sans que les mobiles lyonnais songeassent à sauver autre chose que leur vie. Tout le matériel de campement resta aux mains de l'ennemi ; les historiens contrôlés de M. Denfert, soigneux de désigner par leur nom les bataillons de la Haute-Saône quand il leur arrive malheur, gardent cette fois-ci un silence prudent. Que dis-je ? il est affirmé dans leur livre que l'ennemi avait canonné ces postes, ce qui, sans doute, excuse une fuite précipitée ; mais, cette fois encore, les coups de canon n'ont existé que dans l'imagination des mobiles lyonnais ou de leurs historiographes. En revanche, ceux-ci constatent la mauvaise tenue, la lenteur et la pusillanimité du 2ᵉ bataillon de la Haute-Saône sur les remparts de Bellevue à dix heures du soir. Il est vrai que ce jour-là M. le capitaine Thiers criait à nos mobiles : « Bravo ! bravo ! les enfants, » et les félicitait de leur entrain à prendre les postes de combat, de leur patience à les conserver jusqu'au jour sans murmure. Faut-il croire qu'avant de faire accepter au lecteur le licenciement arbitraire de ce pauvre bataillon, on ait senti le besoin de le dénigrer un peu ?

La perte du Mont et de ses abords assombrit soudainement l'horizon de parfaite quiétude où l'inaction prussienne nous avait accoutumés depuis le début du siége. Il devenait évident pour tous que les Prussiens s'étaient battus pendant deux jours dans ces parages afin de commencer enfin sérieusement leurs opérations contre la place ; il devenait non moins évident que nous allions être de plus en plus à la merci de leurs entreprises, que le bombardement en particulier ne tarderait pas à nous mettre à l'épreuve.

Ceux qui s'étaient flattés que Belfort aurait l'honneur d'un siége régulier commençaient à ouvrir les yeux ; les Prussiens laissaient là les Perches et le Château, dont la chute, lentement et péniblement obtenue, eût amené la reddition de la place. C'était décidément à la ville elle-même qu'en voulaient les canons Krupp ; nous allions subir cette barbare mais commode opération militaire qui réduit une ville par la mort de ses habitants inoffensifs et la ruine de leurs demeures. Propriétés civiles s'abîmant dans les flammes, enfants et vieillards frappés dans leurs lits, femmes inoffensives inondant les pavés de leur sang, la mort passant par-dessus les remparts et leurs défenseurs pour atteindre ceux qui ne pouvaient riposter, telles étaient les sombres images que l'horreur de l'inconnu représentait plus terribles encore. Aujourd'hui que ces heures d'angoisse et d'indignation impuissante ne laissent plus dans notre âme que leur triste souvenir, nous nous demandons si, au point de vue absolu, cette première phase du siége fut un malheur véritable, et nous répondons sans hésiter : non. En bombardant Belfort, l'ennemi fit une faute qui le conserve à la France.

FIN DE LA PREMIÈRE PARTIE.

DEUXIÈME PARTIE.

CHAPITRE Ier.

Bombardement. — 4e bataillon au fort des Barres. — Licenciement
du 2e bataillon de la Haute-Saône.

Le 3 décembre, à sept heures et demie du matin, le premier
obus prussien tomba au fort des Barres, où le 4e bataillon de
la Haute-Saône tenait garnison. Dix à douze pièces de moyen
calibre, tirant sans relâche, commençaient à couvrir de projectiles les forts des Barres et de Bellevue et les trois faubourgs
de la rive droite de la Savoureuse. Nous entrions dans cette
phase du siége prévue depuis le 24 novembre, où l'artillerie
ennemie, s'acharnant sur la ville et ses défenses de l'ouest,
s'efforçait d'amener, par la terreur de l'incendie et de la mort,
une reddition à bref délai. Ses pièces étaient installées les unes
sur le versant sud du Mont, à la place même qu'occupait, huit
jours auparavant, la grand'garde du 4e bataillon; les autres,

dans la dépression de terrain qui s'étend à la gauche du village d'Essert jusqu'au ravin de Bavilliers.

Il semblait que les siéges de Strasbourg et de Neuf-Brisach eussent habitué les Prussiens à de faciles victoires pour qu'ils tentassent ainsi, sous les feux redoutables de la place entière, avec une artillerie inférieure, d'incendier les faubourgs et bientôt la ville. Cette confiance téméraire dans des moyens d'intimidation jusqu'alors reconnus efficaces allait recevoir de rudes atteintes : pour la première fois dans cette guerre, après la facile reddition de tant de places fortes succombant à la terreur, la ténacité de la défense et la stoïque abnégation de la garnison devaient démontrer l'insuffisance du bombardement et contraindre l'ennemi à remplacer ses procédés de destruction désordonnée par les classiques lenteurs d'un siége régulier.

L'intention des Prussiens en installant des batteries à l'ouest de la ville n'était point douteuse. Ils ne pouvaient ignorer que la principale force de la place de Belfort résidait dans la grande ligne de hauteurs qui la couvre à l'est, et en particulier dans le Château, ouvrage formidable autant par sa situation naturelle que par les immenses travaux qui en défendent les abords. Le Château tombé, la fortification entière était à la merci de l'assaillant; tant que le Château restait intact, la perte même de la rive droite de la Savoureuse ne forçait point la reddition. Or, à la distance énorme où les Prussiens étaient placés pour ouvrir le feu, malgré la puissance de leur artillerie, ils ne pouvaient prétendre agir avec efficacité tant contre le Château

lui-même que contre la Justice et la Miotte, qui en dépendent.
Les projectiles dont ils inondaient Bellevue et les Barres
étaient bien moins destinés à faire brèche dans ces deux
ouvrages qu'à éteindre leur feu. Le but véritable de l'ennemi
était manifestement le bombardement de la ville et des faubourgs ; c'était la continuation du système inauguré à Strasbourg,
d'autant plus expéditif jusqu'à ce jour qu'il était plus nouveau ,
et prenait au dépourvu les villes qui en étaient les victimes.

Dans quelle mesure le bombardement est-il justifiable au
point de vue des lois humanitaires qui régissent la guerre
elle-même et mettent à l'abri de ses fureurs le faible, l'inoffensif? C'est là une question qu'il n'est pas aisé de résoudre. Pour
le philosophe qui étudie l'humanité à la lumière de cette grande
loi de charité et de solidarité mutuelle inscrite au fond de nos
cœurs, il n'est point douteux que la guerre dans son ensemble
ne soit une monstruosité et un crime.

Mais, une fois la guerre admise, non comme un droit mais
comme une nécessité, ne semble-t-il pas qu'il faille en exclure
tout procédé qui entraînerait ou la mort ou la ruine d'un
homme désarmé, d'un être paisible et inoffensif? Telle est du
moins à cet égard la voix de la conscience, tel est le cri instinctif
et spontané du sentiment humain. Malheureusement l'histoire
des conquérants modernes répond à ce cri douloureux par
l'effroyable retentissement du canon transformant en décombres et villes et villages, par le roulement sinistre des caissons
et des chevaux écrasant la moisson mûrie, broyant en un jour

le labeur d'une année. Depuis Louvois, qui fit incendier le Palatinat et, dans un intérêt militaire, entasser des ruines dont le souvenir subsiste encore, jusqu'à Pélissier, plus tard maréchal, enfumant dans les cavernes du Tell toute une tribu arabe, les héros de nos annales militaires se sont médiocrement préoccupés de concilier les exigences de leur art avec le respect de la morale humaine.

Mais, antérieurement à la guerre de 1870, on n'a guère d'exemple d'un assiégeant amenant la reddition d'une place forte par le bombardement proprement dit. Le boulet plein, destiné à faire brèche dans le rempart, eût été à cet égard fort peu efficace ; et quant aux bombes lancées dans des circonstances exceptionnelles sur des bâtiments civils, elles étaient destinées à briser les voûtes casematées des casernes, des arsenaux ou des magasins militaires (1). Aussi, grande fut la stupeur et indescriptible l'indignation qui retentit par la France lorsqu'on connut le bombardement de Strasbourg. On oubliait que la transformation de l'artillerie avait forcément changé l'art des siéges ; que même , au point de vue absolu des exigences de la guerre, l'opération qui inonde une place forte de projectiles en tous sens ne diffère pas essentiellement de la destruction d'un village en rase campagne pour en déloger des troupes.

[1] C'est ainsi que les Français lancèrent en 1831-1832 plus de 26,000 bombes dans la citadelle d'Anvers, sans toutefois avancer de beaucoup la reddition.

Loin de notre pensée de vouloir justifier ce qu'on a appelé, à tort ou à raison, la barbarie prussienne. Mais dussions-nous heurter les convictions et les sentiments d'un grand nombre, nous ne saurions voir dans le bombardement qu'une opération de bonne guerre, terrible, il est vrai, poignante pour qui sait estimer à son juste prix la vie humaine, mais résultant forcément des qualités de l'artillerie nouvelle et des conditions de nos places fortes.

Et d'abord il est impossible, quelque justesse qu'on apporte au tir, de n'atteindre à trois mille mètres, ou même de plus près, que des bâtiments et des constructions militaires. Dans une place forte, les arsenaux, les casernes, la manutention, les magasins tiennent une étendue considérable, et sont en général disséminés sur la surface entière de la ville. Imposer à l'artillerie la tâche de ne frapper que ces sortes de constructions (et certes il n'est point pour un assiégeant de plus grand intérêt que de les détruire), autant vaudrait renoncer au siége. Epargner tout bâtiment compris dans l'enceinte, et ne frapper que la fortificatien elle-même, est un projet non moins chimérique. Le tir le plus efficace est, en effet, celui qui, rasant le couronnement des glacis et la crête des parapets, enfilant les embrasures, cherche à démolir les pièces et à tuer les servants. Mais que ce tir soit dirigé de front, d'écharpe ou de revers, tous les coups, hauts ou bas, vont tomber en ville et frapper les propriétés particulières avec leurs habitants. Une preuve, et la meilleure, c'est que les projectiles ennemis ne cessaient de tomber après l'assaut des Perches sur la prison et ses abords, et vinrent blesser un certain nombre de prisonniers de guerre. Devant le but à atteindre, la mort de ces compatriotes était peu de chose. M. de Treskow se chargea même de le rappeler aux officiers tombés en nos mains, quand il leur arriva de l'oublier (1).

Admettons qu'il soit possible de régler le tir au point de n'atteindre jamais que la fortification et ses défenseurs : de nuit et de jour les soldats de la forteresse circulent dans les rues et sur les places, tant pour les besoins du service que pour leurs besoins particuliers. Interdira-t-on à l'assiégeant la faculté d'atteindre ses adversaires partout où il les trouve ? S'il en était ainsi, le gouverneur d'une forteresse abriterait sa garnison dans les propriétés particulières, et l'ennemi perdrait le plus sérieux de ses avantages.

Il est vrai que les Prussiens ont fait du bombardement une sorte d'argument *psychologique*, destiné à agir sur les âmes par la terreur, à précipiter la reddition par l'intervention souvent pusillanime de l'élément civil. C'est ainsi qu'ils ont cru agir sur l'esprit impressionnable des Parisiens, en ajoutant aux transes de la faim la crainte d'une mort violente. Le *moment psychologique,* dans ce jargon hypocrite et pédantesque qui caractérise la presse d'outre-Rhin, est cet instant précieux où l'âme d'un adversaire, abattue par le revers,

[1] Voir plus loin, chapitre V, deuxième partie.

affaiblie par les privations, découragée de son impuissance, n'attend plus qu'une secousse pour s'affaisser sur elle-même et renoncer à la dernière lueur d'espoir. Ce qu'il faut penser du bombardement à ce point de vue germanique, je laisse à l'Université de Berlin le soin de nous l'apprendre (1).

Que le bombardement soit devenu, en cas de siége, avec l'artillerie rayée, une nécessité militaire, les considérations qui précèdent l'établissent suffisamment en théorie; Paris ruiné par l'artillerie de Versailles, tous les villages qui environnent Belfort brûlés par le canon de la place, justifient le procédé au point de vue pratique. Si nous y insistons, c'est que M. Denfert l'oubliera un jour, et reprochera dans son livre à l'artillerie prussienne le bombardement de la cité, alors que pour sa part il a transformé en décombres les villages français à portée de nos pièces.

Quel fut durant ces premiers jours de bombardement l'aspect de la population et de la garnison de Belfort? il est facile de le prévoir. Le journalisme ignorant et bavard qui prit à tâche, au début de la guerre, de contrecarrer l'autorité militaire, autant par ses récits fantaisistes et ses descriptions exagérées que par les indiscrétions de toute sorte sur la marche et la position de nos armées, avait tracé un si sombre tableau des

[1] Un officier prisonnier aux Perches appelait le bombardement : *le petit jeu de la guerre.* « Qu'importe à M. Denfert une vieille femme tuée ou un vieillard estropié, nous disait-il. S'il résiste *au bourgeois* aussi bien qu'à nous, la place ne se rendra pas un jour plus tôt. » Militairement parlant, ce Poméranien avait raison; humainement, il était simplement atroce. Mais l'Allemand, qui est logique, ne confond pas les deux points de vue.

épreuves de Strasbourg, qu'au seul nom de bombardement les imaginations surexcitées se représentaient la mort sous les figures les plus hideuses, et dans chaque obus sifflant par les airs entrevoyaient un danger inéluctable. Chacun se précipita vers l'abri le plus solide et le plus sûr, depuis l'état-major de la place, qui choisit la casemate la plus abritée du Château, jusqu'au dernier mobile, cherchant un trou quelconque pour se garer de son mieux. Ceux qui, dans ces moments de terreur universelle, conservèrent assez de sang-froid pour regarder le péril en face, acquirent bien vite la conviction que la réalité de tout ce tapage était non-seulement peu redoutable, mais presque ridicule. Un millier de projectiles tombés au fort des Barres avait fait trois ou quatre victimes. Le vieil adage militaire qu'il fallait pour tuer un homme son poids de plomb, prit aux regards étonnés une forme plus rassurante encore ; toute cette ferraille qui vint raser nos épaulements et s'enfoncer dans nos cavaliers (1) de terre était si bien hors de proportion avec ses effets destructifs et meurtriers, qu'on eut honte de s'être épouvanté pour si peu. Quand on vit les premières corvées rentrer saines et sauves au fort, après un trajet réputé à juste titre comme dangereux ; quand on vit le service des grand'gardes et des remparts s'accomplir sans encombre, avec quelques précautions élémentaires ; quand on vit surtout ces formidables engins

[1] On appelle cavaliers des masses de terre élevées en arrière ou au milieu des bastions d'un fort pour en abriter les vues et défiler les abords. Aux Barrès, en particulier, un de ces cavaliers servit à défiler nos casemates du tir des batteries de Danjoutin, et nous épargna plus d'une perte douloureuse.

de destruction frapper capricieusement dans les casemates des soldats abrités, et passer inoffensifs à côté des téméraires, la plupart de nos hommes se convertirent au courage par raison, et méprisèrent le danger par habitude.

Au fort des Barrres, qui, avec Bellevue, supporta le premier choc, l'intrépidité de quelques officiers d'élite ne contribua pas peu à rétablir la confiance générale. Au premier rang, il convient de citer M. le capitaine Deffayet, de l'artillerie du Haut-Rhin (1), officier d'une rare énergie, et dont le sang-froid devint proverbial. Debout sur le parapet des Barres, il examinait paisiblement à la lunette les batteries ennemies, appréciant leur tir comme sur un champ de manœuvre, dédaignant de courber la tête ou de tourner les yeux au milieu des obus qui éclataient de toutes parts. Le lieutenant de mobiles Blass (2), du 4º bataillon, n'était pas moins admirable ; il avait installé son observatoire à l'angle d'un bastion des Barres. C'est là qu'il conçut l'ingénieuse idée, bientôt adoptée par la place entière, d'aposter des guetteurs pour surveiller le tir de l'assiégeant et annoncer à coups de trompe les obus destinés au fort. Grâce à ces exemples, et l'expérience aidant, chacun jugea le danger à sa juste valeur ; à des craintes excessives succéda bientôt une confiance téméraire. Les morts et les blessés comptaient parmi les accidents ; la consigne était : « Beaucoup de bruit pour rien. »

[1] De Belfort.
[2] De Vesoul.

Néanmoins il ne se passait guère de journées où le tir ennemi ne fît quelques victimes. D'abord ce sont une douzaine de soldats du 45e de ligne, installés à la poterne des Barres, dans une maison qu'un poste du 4e bataillon évacuait une demi-heure auparavant. Un obus de 24 traverse le bâtiment de part en part, écrasant les pauvres diables sous les débris. Un autre jour, c'est le capitaine Deffayet, avec trois artilleurs du Haut-Rhin, qu'atteignent les éclats d'un projectile qui démonte leur pièce. Les blessures du capitaine ne sont pas graves, heureusement; d'abord affaissé sur la crosse de l'affût, il reprend bientôt ses sens : « Je n'aurais pas cru qu'il fallût si peu de chose pour abattre un homme, » fut sa première réflexion. Le lendemain, ce sont six artilleurs du Haut-Rhin qui, se croyant à couvert sous un abri construit avec des traverses de chemin de fer, devisaient tranquillement du village, et sont écrasés par une bombe.

Je ne parle pas des accidents isolés frappant les hommes en faction sur le rempart ou aux avant-postes. Ce sera l'éternelle histoire des deux mois qui vont suivre que ces obscures victimes immolées jusque sur leur grabat pendant le sommeil, recevant la mort d'une main inconnue, à des distances où l'on s'aperçoit à peine, inondant de leur sang et consacrant par leur martyre la boue des forts et le pavé de la ville. Le voyageur qui parcourt en curieux les ramifications indéfinies de la forteresse de Belfort ne saurait faire un pas sans heurter ces sanglants et glorieux souvenirs; mais les plaintes du blessé s'affaissant au coin d'un carrefour ou tombant mutilé au poste dont il avait la garde, se perdaient alors dans le fracas de la canonnade et dans le tumulte du combat. Le danger rend égoïste, et dans le serrement de cœur qui nous saisit à la vue d'un camarade tombé il y a plus de crainte que de pitié.

Dès le second jour, le nombre des pièces ennemies s'était accru, et les obus commençaient à tomber sur la ville, particulièrement dans la direction de l'arsenal. Pour atteindre cette construction depuis la plaine d'Essert, les artilleurs prussiens visaient le faîte de l'hôpital du faubourg, bâtiment considérable qui en masquait la vue, et au pied duquel avait été installée une barricade armée d'un canon. Tous les coups trop bas atteignaient l'hôpital lui-même et frappaient des malades dans leur lit; un obus tomba dans le caisson de la pièce en batterie sur la barricade, et la formidable explosion qui s'ensuivit brisa d'une seule fois toutes les vitres, laissant exposés les malades, au nombre de trois cents, aux terribles froids de décembre. Si la barricade de l'hôpital avait été autre chose qu'un sacrifice puéril à la vieille routine des siéges, nous pardonnerions à la défense de l'avoir installée à cette place ; on ne songeait pas sans doute que cette barricade justifierait suffisamment l'artillerie prussienne de n'avoir pas épargné un bâtiment qu'abritait le drapeau de la convention de Genève (1). L'hôpital de la cour

[1] Un mot sur la prétendue protection qu'on espérait de ce lambeau d'étoffe. Les connaissances les plus élémentaires en artillerie établissent l'impossibilité où se trouve le pointeur : 1° le plus souvent de l'apercevoir à longue distance; 2° quand il l'aperçoit, de régler le tir de manière à en détourner les coups.

de l'Espérance, parallèle à la manutention et la couvrant à l'ouest, était par là même désigné à l'ennemi comme point de mire ; j'en dirai autant de l'ambulance du collége qui masquait la porte de Brisach et la casemate du commandant supérieur. Le tir à longue portée, l'emploi des projectiles explosibles, réclament, dans l'enceinte des places fortes, des hôpitaux blindés et casematés qui mettent le malade à l'abri ; mais l'absence d'air et l'humidité, propre aux constructions de cette nature, constituant pour les blessés un danger plus sérieux peut-être que les chances de mourir par les obus, l'humanité alarmée se demande une fois de plus comment elle sauvegardera quelques lambeaux de ses droits devant les terribles progrès de la guerre.

Quand nous aurons ajouté que les propriétés particulières se perçaient à jour, et que bientôt dans les faubourgs comme dans la ville il n'existait pas une maison que n'eussent marquée les projectiles, nous aurons résumé en une phrase cette première époque du bombardement. Mais tandis qu'à Strasbourg l'incendie, éclatant sur tous les points de la ville, réduisait en un monceau de décombres des quartiers entiers, à Belfort, la ville proprement dite resta préservée du feu (1). Le faubourg de France et les abords de la gare eurent seuls à déplorer quelques

Si à Belfort, en particulier, l'artillerie prussienne avait pris à tâche de ne jamais violer le drapeau de Genève, elle eût pu se résoudre à tirer à blanc. Il faut donc mettre cet étendard dans les meubles inutiles, et, une fois pour toutes, cesser des déclamations aussi ignorantes que pusillanimes.

[1] Au mois de janvier seulement les obus incendièrent dans la ville même le théâtre et l'école des sœurs.

bâtiments devenus la proie des flammes. Ce résultat vraiment merveilleux était dû aux nombreuses précautions prises par la municipalité jusqu'à ce jour. Des cuves d'eau avaient été installées sur les paliers et dans les combles, afin que le remède fût à côté du mal. Des citoyens dévoués, à la tête desquels se plaça un jeune avocat de Mulhouse (1), que le Journal du siége appelait avec une certaine emphase l'*Ange de Belfort,* s'organisaient en poste de guetteurs. A toute heure de la nuit et du jour ces vigilants gardiens de la cité observaient les effets du tir et se portaient partout où un obus avait exercé ses ravages. On arrêtait ainsi le feu dans ses commencements : si Belfort, malgré le nombre prodigieux d'obus qu'il reçut sur une surface relativement restreinte, eut à enregistrer des désastres sans comparaison moins considérables que tant de places fortes, c'est à ces efforts et à ces mesures intelligentes qu'il faut en attribuer la cause (2). M. Mény, maire de la ville, faisait l'admiration de tous par son dévouement intrépide; soulager toutes les misères, conjurer tous les dangers, se porter de sa personne aux points les plus menacés, organiser les secours, pompier non moins que militaire, sans que jamais la mort sillonnant les airs semblât l'intimider ni arrêter ses

---

[1] M. Stehlin.

[2] Une autre raison des dégâts relativement faibles que subit la ville de Belfort, c'est que l'ennemi ne l'approcha jamais assez pour y lancer des bombes. Les tentatives désespérées qu'il fit à la fin de janvier ne servirent qu'à rendre son impuissance évidente. Mais une fois maître des Perches, il lui était facile en peu de temps d'écraser littéralement la ville; l'ordre de rendre la place arriva juste à temps. [V. chap. IV, deuxième partie.]

pas, tel fut pendant deux mois et demi le souci constant de ce noble et courageux citoyen. Que de soldats, que d'officiers de tous grades pouvaient prendre exemple sur cette conduite vraiment exceptionnelle, et y trouver la critique permanente de leur apathie, de leurs terreurs ! Belfort tout entier lui a rendu justice ; le meilleur éloge que l'on puisse faire de cet homme de bien est la parole de l'historien Salluste : « Par sa gloire il a vaincu l'envie (1). »

Nous avons vu comment le fort des Barres supporta le premier choc de l'artillerie prussienne. Le 4ᵉ bataillon de la Haute-Saône se remit assez vite de son émotion ; l'énergie du commandant et des officiers était secondée d'ailleurs par les avantages du casernement dans le fort. D'immenses casemates à l'épreuve de la bombe permettaient aux hommes de prendre un sommeil à peu près tranquille. Les dangers ne subsistaient que pour le temps du service ; une fois rentrés sous leurs voûtes, les mobiles se sentaient en sûreté et vaquaient aux travaux habituels avec toute l'insouciance et toute la gaieté des temps meilleurs.

Il n'en était pas de même à Bellevue (2), où se trouvait parqué le 2ᵉ bataillon si fortement éprouvé à Bessoncourt. Lorsque les Prussiens investirent la place de Belfort, cet ouvrage, situé sur la rive droite de la Savoureuse, à huit cents mètres au sud des Barres, commençait à sortir de terre. A l'époque du bombar-

[1] *Invidiam gloriâ vicisti.* [Guerre de Jugurtha.]
[2] En Allemagne, on appelle ce fort *le fort de la Ferme.*

ement, il se composait d'un simple fossé de quelques pieds de rofondeur et de glacis d'un faible relief, semés de piquets eliés par des fils de fer pour rendre l'approche des fossés plus lifficile. Jusqu'au bombardement, les troupes s'étaient entassées ant bien que mal dans les bâtiments de la ferme qui occupait e centre de la redoute. Mais quand les obus commencèrent à leuvoir, cette ferme, complétement découverte aux vues de 'ennemi, et de toutes nos positions la plus rapprochée de ses atteries, fut en un instant criblée de projectiles. Alors commença pour ce malheureux bataillon une des plus sérieuses épreuves qu'ait eu à subir la garnison pendant le siége.

Affolés de terreur, les mobiles se précipitèrent hors des chambres que les obus perçaient à jour, se réfugiant, dans le plus complet désordre et sans que les officiers pussent les arrêter, derrière les parapets de la redoute pour s'abriter de leur mieux. M. Thiers, commandant du fort, était absent, et quoiqu'il ne pût ignorer le danger qui menaçait l'ouvrage, il resta en ville jusqu'à la nuit close. M. le capitaine du génie Thiers était un de ces hommes intelligents et déterminés qui se complaisent dans les situations périlleuses, et semblent appeler le danger pour avoir le mérite d'en triompher avec plus d'éclat. Il est hors de doute que, s'il s'était trouvé à son poste dans la journée de 3 décembre, le bataillon de Lure, entraîné par son exemple, fût sorti avec honneur de cette passe difficile. Mais enfin il n'y était pas; il était suppléé à Bellevue par M. Lang, capitaine du 16e de marche (Rhône), récemment promu au grade de chef de bataillon en remplacement de l'infortuné Lanoir. Quel que fût le mérite personnel de M. Lang, on peut contester l'opportunité d'un choix semblable. C'était mettre les bataillons de la Haute-Saône sous la dépendance de leurs rivaux jaloux ; c'était élever entre le commandant et les officiers inférieurs la barrière insurmontable des répugnances locales. Au lieu de récompenser de leur conduite à Grosmagny ou le capitaine Gauthier ou le capitaine Poulnot, du bataillon de Gray (1), on préféra tirer un commandant de la Haute-Saône de ce même régiment qui avait, pour une large part, contribué à l'échec de Bessoncourt. Les résultats étaient faciles à prévoir : sans mettre en doute la loyauté ni l'impartialité du nouveau commandant, on peut dire hardiment qu'il lui manquait un élément indispensable, la confiance des troupes. Cette funeste journée en est une preuve.

A dix heures du matin, le feu était dans les bâtiments de la ferme. Somme toute, cette ferme, par elle-même, importait peu à la défense de la redoute. Mais les caves en devenaient d'autant plus précieuses ; pour compléter le casernement restreint qu'elles offraient aux troupes, on avait creusé au pied des parapets de vrais terriers boueux que l'on étayait avec des madriers et des traverses de chemin de fer. Ce travail, commencé par le bataillon, sous la direction de M. Amann ,

____

(1) De l'infanterie régulière, tous deux en retraite ; récompensés depuis par la croix d'officier de la Légion-d'Honneur.

conducteur des ponts et chaussées, avait été jugé insuffisant par le commandant du fort, et repris tardivement sous une forme nouvelle. Le 3 décembre au matin, le plus gros était fait; il restait à couvrir de terre les étançons pour les préserver du feu.

Mais une fois l'incendie allumé dans la ferme, les abris eux-mêmes étaient menacés; il n'y avait pour les sauver qu'un moyen : maîtriser le feu à son origine, sinon se résoudre à le voir tout envahir. Si le licenciement du bataillon qui suivit cet épisode avait été précédé d'une enquête publique et contradic-toire, l'historien qui cherche avant tout le vrai eût puisé ses appréciations à cette source. Mais, dans l'état où la question se trouve aujourd'hui, il ne peut opposer à des récits individuels que des affirmations individuelles. Or voici ce qu'il a recueilli à des sources qui lui inspirent un degré suffisant de con-fiance (1).

Lorsque le feu se fut déclaré dans la ferme, le capitaine Mathey, du 2ᵉ bataillon de la Haute-Saône, s'adressa au com-mandant Lang, placé avec ses officiers derrière un petit épaulement à l'angle droit de la redoute; il lui demanda l'au-torisation de commander des hommes de bonne volonté pour éteindre ce commencement d'incendie. Le commandant refusa formellement, ne voulant pas, disait-il, *exposer les hommes*

[1] Il est à remarquer dans cette affaire que nous sommes placés entre les déclarations contradictoires de deux intéressés qui cherchent à se justifier, l'un d'une mesure arbitraire et illégale, l'autre d'une accusation de lâcheté et de rébellion; point de juge impartial qui décide entre les deux.

pour cette bicoque. On laissa donc brûler les bâtiments la journée entière ; l'auteur affirme avoir contemplé le spectacle de l'incendie depuis les combles d'une maison de la ville (1). Ce qui est étrange dans cette affaire et complétement inexplicable, c'est que M. Thiers, capitaine du génie, mieux placé que tout autre pour apprécier l'avantage des abris en construction, comme aussi le danger dont les menaçait l'incendie, ne se soit pas hâté de regagner son poste. Il n'est point, que je sache, d'affaire assez grave qui, en pareil cas, puisse retenir un commandant loin du fort confié à sa garde. Nous insistons sur cette circonstance, qui nous paraît capitale.

M. le commandant Lang a-t-il, dans cette occasion, manqué d'initiative et d'énergie ? nous n'oserions l'affirmer. Nous préférons supposer qu'il resta sans influence sur un bataillon qu'il connaissait depuis quelques jours. Il expiait sa situation d'officier lyonnais commandant à des officiers, à des soldats de la Haute-Saône. Quoi qu'il en soit, on ne tenta rien pour combattre les progrès de l'incendie ; on se borna à faire le sauvetage des objets de literie et de campement abandonnés dans la ferme. Quand à huit heures du soir M. Thiers arriva au fort, l'incendie avait gagné les abris. Les hommes, épuisés par les émotions de la journée, transis de froid, s'étaient étendus çà et là derrière les épaulements des parapets ; quelques-uns plus dévoués, le

[1] Nous tenons à établir que M. Thiers connut l'incendie de Bellevue, sinon *de visu*, du moins par le télégraphe qui reliait toutes les parties de la fortification au bureau du commandant supérieur, au pis aller par la rumeur publique qui marchait rapidement.

lieutenant du génie Journet et le capitaine Mathey à leur tête,
essayaient de sauver les étançons que le feu n'avait pas atteints
encore. Alors le commandant du fort, à la vue de ce désastre qui
dépassait ses prévisions, s'imaginant que la destruction des abris
annulait ses moyens de défense, exaspéré, violent, transporté
de fureur, résolut à tout prix de garantir ce qui restait encore
de ses travaux. Mais ce fut en vain ; à la faveur de l'obscurité,
qui était complète, les soldats en grand nombre avaient pu s'a-
briter de droite et de gauche, sans que les clameurs tardives de
M. Thiers ni les efforts désespérés de quelques rares officiers
parvinssent à les tirer de leur indifférence. Ceux qui, plus
déterminés, accoururent de leur propre mouvement, ou qui,
réveillés à coups de pelle par le bouillant capitaine Thiers,
furent contraints à suivre ses ordres, reconnurent bientôt
l'inutilité de tout effort. Le puits ou la fontaine la plus proche
était à trois cents mètres au moins de la redoute ; les Prussiens
continuaient à couvrir l'incendie et ses abords d'une pluie de
projectiles.

Qu'on se figure, durant cette terrible nuit de décembre, les
derniers débris de la ferme s'abîmant dans les flammes, le ciel
noir sillonné de lueurs sinistres, les obus éclatant sans relâche
sur la neige des glacis et dans les poutres brûlantes ; 500 mobiles sans abris, presque sans vêtements, debout depuis l'aube
par un froid glacial, maintenant étendus par terre, se serrant
les uns contre les autres afin de réchauffer leurs membres
engourdis, immobiles de fatigue non moins que de terreur,

soumis dès le premier jour de leur campagne à une épreuve qui en a peu de comparables dans les annales militaires. Qu'on se représente ce capitaine du génie en face de la misérable redoute qu'il est chargé de défendre et qu'une journée semble avoir réduite à néant ; qu'on se le représente s'agitant à travers les flammes, courant du feu qu'il ne peut arrêter à ces hommes auxquels il voudrait communiquer sa rage, quand l'étendue du désastre et l'imminence du danger ont brisé leur élan. Tout en admirant cette énergie surhumaine, on comprendra peut-être qu'à la place de ces soldats d'un jour il eût fallu des héros ; qu'en demandant aux hommes ce qui dépasse leur pouvoir on annule le peu de force qui leur reste encore.

Naturellement le commandant Lang qui, dans la journée, n'avait su obtenir aucun résultat ou ne l'avait pas voulu, prit le parti le plus prudent. Dans les discours de M. Thiers et dans ses diatribes enflammées contre la lâcheté des mobiles il pressentait une menace. C'était le cas ou jamais de passer du côté du manche. Il joignit donc ses exhortations et ses cris à ceux de M. Thiers ; mais il était trop tard.

L'ordre insensé de jeter de la neige sur le feu pour s'en rendre maître ne fut pris au sérieux par personne ; une pompe qui arriva à cinq heures du matin, après avoir été installée avec des peines infinies, fut brisée par un obus au moment où elle allait servir.

Il devenait évident pour tous que le temps perdu, l'obscurité profonde, les obus tombant sans relâche, l'absence d'eau et d'outils rendaient inutiles de plus longues tentatives, et l'incendie acheva son œuvre.

Au comble de l'exaspération, M. le capitaine Thiers s'en prit au 2e bataillon de la ruine de ses abris ; il rédigea un rapport fulminant, qui provoqua le licenciement du bataillon. En dépit de l'estime profonde que cet officier nous inspire par son courage, nous nous permettons de lui dire : Cette mesure, tant en elle-même que par les circonstances exceptionnellement odieuses qui en marquèrent l'exécution, était illégale au premier chef, injuste et arbitraire.

Elle était injuste ; car, si coupables il y avait, elle ne les frappait pas tous, et elle frappait des innocents. J'accorde à M. Thiers et au commandant supérieur, qui accueillit favorablement les conclusions de son rapport, je leur accorde, dis-je, que la conduite du 2e bataillon de la Haute-Saône ne fut pas, dans la nuit du 3 au 4 décembre, à la hauteur des circonstances. Nous n'éprouvons aucune peine à reconnaître qu'après une journée de bombardement, dans les tristes conditions où les troupes de Bellevue se trouvaient placées, des soldats novices, mis pour la première fois en face de l'artillerie prussienne, manquèrent de solidité et de sang-froid. Mais est-il vrai que le feu prit dans les bâtiments de la ferme vers dix heures du matin, tandis que le commandant responsable du fort ne rentra à son poste qu'à huit heures du soir ? Quoi ! c'est à ces premières heures d'un danger d'autant plus redoutable qu'il était plus nouveau que M. Thiers abandonne à un autre la surveillance d'une redoute avancée, sans casemates, sans abris, dont la conservation importait au plus haut point à la défense ! Quel intérêt de force majeure le retenait ainsi loin du péril durant une journée entière ? Quand la position même de Bellevue ne l'eût pas averti d'y courir au premier coup de canon, l'incendie, que l'on connaissait partout, ne devait-il pas, quoi qu'il arrivât, le ramener parmi ses hommes ?

Le premier coupable, nous avons le droit de le dire, est M. Thiers lui-même ; peut-être a-t-il compté qu'en faisant retomber sur d'autres la responsabilité de sa faute il s'en justifiait devant l'histoire. L'histoire lui dit, au contraire : La passion par vous apportée dans cette affaire n'est que l'aveu de votre faute.

En second lieu, M. le commandant Lang, qui assista immobile à l'incendie de la ferme durant l'après-midi entière, et qu'intimida au soir la colère de son supérieur (1), en ne profitant pas du jour pour maîtriser le feu à ses débuts, fit preuve de faiblesse ou manqua de savoir-faire. Si la situation était grave, et qu'il la jugeât telle, qu'a-t-il tenté pour y porter remède ? Si au contraire il ne fallait ajouter qu'une importance médiocre à la perte d'une bicoque et de quelques étançons, pourquoi devant le langage de M. Thiers changer d'attitude ?

---

[1] Il y a ceci d'étrange dans la situation, que M. le capitaine Thiers, commandant le fort, était le supérieur du chef de bataillon Lang, commandant l'infanterie du fort.

Pourquoi, en défendant le bataillon, ne pas se justifier soi-même ?

Voici ce que nous affirmons avec la certitude de n'être contredit par aucun de ceux qui ont jugé froidement la triste réalité du discrédit où tombait en ce moment le 57ᵉ provisoire : Si Lanoir avait survécu aux balles de Bessoncourt, et qu'en cette journée néfaste il eût tenu la conduite de son successeur, les mesures de rigueur eussent impitoyablement frappé le commandant lui-même ; à tort, dira-t-on ; à tort ou à raison, sommes-nous en droit de répondre ; mais M. Thiers n'eût pas laissé échapper l'occasion d'inculper un officier supérieur de la Haute-Saône. J'en appelle aux souvenirs du 3ᵉ bataillon et à ceux de l'excellent M. Nachon, qui, à une époque antérieure, avait essuyé déjà les procédés du terrible capitaine (1).

Absence sans motif du commandant responsable, inaction ou impuissance de son remplaçant, telles furent les causes du sinistre de Bellevue. Or c'est sur le rapport de ces deux

[1] Je lis au cahier de rapports, à la date du 3 novembre : « J'apprends que, malgré mes ordres formels d'hier, aucun officier du 3ᵉ bataillon de la Haute-Saône n'a couché à Bellevue cette nuit, alors que tous auraient dû y être en prévision d'une attaque possible de l'ennemi. J'inflige au commandant du bataillon quinze jours d'arrêts de rigueur, et je le préviens que je ferai passer en cour martiale tous les officiers qui sont absents de leur poste. »

Et immédiatement après, à la même date : « J'apprends à l'instant que le commandant du 3ᵉ bataillon de la Haute-Saône était cette nuit à Bellevue, suivant l'ordre qui lui avait été donné. Je lève donc les arrêts infligés au commandant. »

Cette citation sera par elle-même assez éloquente quand nous aurons ajouté que l'auteur du rapport contre le commandant Nachon, ex-capitaine des grenadiers de la garde, officier de la Légion-d'Honneur, était M. Thiers, hier encore lieutenant du génie.

officiers, compromis chacun à leur manière, que le commandant supérieur prononce le licenciement, arrache une démission à deux capitaines retraités de l'armée régulière, décorés de la Légion-d'Honneur, met à pied six officiers ministériellement nommés à ce grade, et dont l'un, dans la nuit du 3 au 4 décembre, se trouvait retenu à l'hôpital par une maladie constatée (1), casse le plus grand nombre des sous-officiers, et renouvelle, avec des éléments puisés en particulier dans la mobile du Rhône, le bataillon déshonoré et flétri. Cette opération sans nom et presque sans précédent dans les fastes militaires fut tripotée et accomplie en secret, sans débat, sans justification possible des incriminés, en dehors même du colonel Fournier qui commandait le régiment, et que tous les règlements militaires appelaient à intervenir.

On croit rêver en constatant de pareils abus de pouvoir. M. Denfert a beau nous dire aujourd'hui que cette punition était la seule qui répondît à la gravité et à la généralité de la faute. Qu'il me permette de le lui dire : Ce n'est pas en violant la justice, en foulant aux pieds toutes les traditions et toutes les lois, qu'on fortifie le respect du commandement et l'amour du devoir. Ces allures cassantes et dictatoriales sont trop fami-

[1] Cet officier est M. E. de S\u1d57-F..., dont je n'ai pas à discuter le mérite. Mais que M. Denfert réponde à ce dilemme : Ou M. de S\u1d57-F... était malade, ou il ne l'était pas; dans le premier cas, comment était-il compris parmi les disgrâciés de Bellevue; dans le second, que faut-il penser du médecin qui le traite pour la forme et lui conserve à l'hôpital, devenu trop étroit, une place de faveur? Les règlements sont pour M. de S\u1d57-F.. ; un jugement seul pouvait le priver de son grade.

lières aux commissaires civils et aux généraux de parade que délèguent aux armées les gouvernements en détresse, pour qu'on ne soit pas surpris de les rencontrer chez un vieux militaire. Il était donc évident que le caprice d'un officier *bien en cour* disposait à Belfort de la réputation et des droits de chacun. Il était évident que ni une vie honorable passée sous les drapeaux, ni une croix méritée sur des champs de bataille, ni le patriotisme du vieux serviteur qui se consacre jusqu'au bout à la défense du pays, ni les règlements fondamentaux de l'organisation et de la hiérarchie militaire, ne formeraient un abri suffisant contre l'omnipotence révolutionnaire de M. Denfert, contre cette omnipotence abandonnée à la direction de quelques courtisans.

Certes il fallut au cœur du colonel Fournier pour accepter cette situation sans murmure, au cœur de tous ces officiers retraités (1), pour ne pas donner leur démission une ardeur de patriotisme bien vive, lorsqu'ils se virent ainsi à la discrétion d'un polytechnicien quelconque, leur inférieur de grade ou d'ancienneté, leur supérieur d'influence et de pouvoir. Peut-être espérait-on ce résultat radical d'écarter les vieux éléments et de refaire à la garnison une vie nouvelle. Illusion déplorable de tous ces républicains au petit pied, imitateurs maladroits

---

[1] Il ne faut pas oublier que, par une parcimonie singulière, le Gouvernement avait trouvé moyen de déduire sur la solde de ces officiers leur pension de retraite, en sorte qu'après avoir servi pendant plus de trente ans ils vivaient côte à côte avec des jeunes gens d'un grade égal, et qui recevaient un traitement supérieur de plus d'un tiers.

des géants de 93, et qui, pour se hausser à leur taille, n'ont su que monter sur des échasses ! Au moment où, dans la mobile, l'absence d'officiers expérimentés se faisait cruellement sentir, on éliminait le petit nombre de ceux qui restaient encore.

Aujourd'hui qu'à plus d'une année de distance nous nous hasardons à toucher du doigt des réputations usurpées, à porter la lumière dans ce recoin de notre histoire, où un rayon de gloire a fait pâlir tant de fautes, l'appel à l'opinion publique de ce jugement arbitraire est notre unique ressource. S'il est vrai qu'on ne refait jamais l'honneur d'un homme et qu'il faut des années pour refaire celui d'une province, puissent du moins ces lignes d'un témoin sincère et d'un historien impitoyable être le châtiment de nos détracteurs ; puissent ceux qui ont jugé avec passion et sans lois rencontrer des juges à leur tour. L'heure viendra d'ailleurs, avant la fin du siége, où les débris du 2ᵉ bataillon de la Haute-Saône combattront à côté des troupiers exemplaires qui leur étaient venus du Rhône ; nous verrons alors qui donnera l'exemple du courage, des lâches de Bellevue ou des héros de la Forge ; et le lecteur reconnaîtra avec nous que, dans l'armée non moins qu'à la cour, *valoir* est peu de chose, se *faire valoir* est tout.

CHAPITRE II.

Le 57e régiment provisoire au camp retranché. — Dissolution de la
compagnie d'éclaireurs du même régiment. — Eclaireurs du
4e bataillon.

Les forts du Château, de la Justice et de la Miotte cou-
ronnent une chaîne de hauteurs qui, s'étendant en droite ligne
du sud au nord-est de la place, sur près de quinze cents
mètres de développement, se replie brusquement vers le
nord, et s'abaisse par une pente rapide sur l'étang de la Forge.
L'intérieur de la courbe ainsi formée n'offre aux regards
qu'une côte abrupte et comme une arête vive de rochers qui
abritent la place à l'est et dressent de ce côté une insurmontable barrière. Deux routes taillées dans le roc la traversent :
l'une qui, se dirigeant à l'est, aboutit aux villages de Pérouse
et de Bessoncourt pour gagner Altkirch et Bâle; l'autre qui
file vers le nord, et par Roppe conduit à Cernay, de là à
Colmar.

Le voyageur qui suit cette dernière route, avant de franchir
la ligne des fortifications entre la Justice et la Miotte par une
coupure artificielle, laisse à sa gauche comme une sorte de

bassin circulaire abrité des vues du dehors, s'appuyant au sud aux fortifications de la ville et à l'ouvrage de l'Espérance. Ce bassin porte le nom de Vallon ou de camp retranché. Le long de la route, quelques gargotes ou des maisons dites de campagne, attenantes à des jardins de maigre apparence, distraient la vue du grandiose et sévère spectacle d'un paysage tourmenté. On dirait que la nature, en prévision des luttes humaines, eût jeté là ces rochers tout exprès pour la défense ; les ouvrages qui en garnissent les crêtes semblent rassurer la ville qui s'abrite derrière, d'un air de formidable protection, en même temps qu'au loin ils défient l'envahisseur.

Il y a quelques jours à peine, l'auteur voulut revoir ces lieux témoins de tant de douleurs et de misères. Un pâle soleil couchant enveloppait la ligne de rochers d'une teinte grisâtre et mélancolique, tandis que dans le bas-fond, où la lumière ne pouvait atteindre, s'étendait comme un linceul l'ombre humide et glacée ; sur les confins de la lumière et de l'ombre se détachaient des amas de terre jaunâtre que çà et là couronnaient des croix délabrées et des débris de funèbre apparence. Les orages d'automne, la fonte des neiges y avaient creusé des ornières profondes, tandis que le tapis de gazon, déchiré naguère par la main des fossoyeurs, cherchait à regagner son antique domaine, à recouvrir sous la verdure les traces sinistres de la mort.

C'est là que, depuis le bombardement, il fallut ensevelir les victimes de la maladie et du feu ; car le cimetière, entièrement découvert aux vues de l'ennemi, trop éloigné d'ailleurs de la ville, et trop étroit pour recevoir les martyrs que chaque jour faisait dans nos rangs, avait dû être délaissé. Dans ce pré, connu à Belfort sous le nom de *Pré-Gaspard,* au pied de la Justice, qui se dresse sur ces fosses comme un immense mausolée, reposent les restes de tant de héros obscurs frappés par le fer ou tristement expirés sur les grabats des hôpitaux. Tous les soirs, à la tombée de la nuit, un fourgon pesamment chargé s'arrêtait au pied de ces pentes. Les hommes de corvée qui avaient creusé les fosses y descendaient les cadavres, sans cercueil, souvent sans vêtements. Et la terre se refermait sur eux, sans qu'une larme eût pleuré leur sort, sans qu'une prière eût sanctifié leur tombe, tandis qu'au village la femme ou la mère, anxieuses mais se consolant par l'espoir, demandaient à Dieu la vie d'un mari ou d'un fils qu'elles ne devaient plus revoir.

Aux abords de ce pré funèbre campait le 1er bataillon de la Haute-Saône (1); il y fut rejoint par le 2e bataillon décimé à Bessoncourt, compromis et déshonoré à Bellevue. Tous les deux étaient condamnés à ce bivouac, le plus détestable de la forteresse, après avoir eu jusqu'à cette heure, et les seuls de la garnison, 9 officiers et 300 hommes hors de combat. Le 1er bataillon en particulier, à qui on ne pouvait raisonnable-

[1] Le 3e bataillon s'y trouvait également, mais à cette époque même remonta au Château, moins une compagnie qui compléta la garnison du camp. Après le départ du 2e bataillon pour Pérouse, deux autres descendirent du Château au camp retranché.

ment reprocher aucune faute, qui avait soutenu avec honneur la lutte à Grosmagny, était resté pendant douze jours au Mont par les froids et les pluies de novembre et s'y était bravement conduit dans les journées du 23 et du 24, méritait un meilleur sort.

Contrairement à toutes les habitudes militaires, contrairement aux lois du bon sens non moins que de l'humanité, ces malheureux débris du 57ᵉ provisoire, sans havre-sacs et sans capotes, à peine chaussés et couverts de haillons, furent sacrifiés jusqu'au bout. Tandis que des bataillons de ligne, pourvus de vêtements chauds et confortables, s'abritaient dans les casemates de la Justice et de la Miotte, qui étaient bien alors les parties les moins exposées de la forteresse, ces conscrits de trois mois, si durement éprouvés jusqu'alors, durent subir, sans trève ni merci, toutes les souffrances, toutes les privations.

Avant le bombardement, entassés dans des baraques ouvertes à tous les vents, dans la boue jusqu'à mi-jambe, ruisselants d'eau la nuit comme le jour, ou presque enterrés sous la neige, ils allaient maintenant se trouver sans abri exposés aux coups de l'artillerie ennemie. Tant que les forts des Barres et de Bellevue attiraient sur eux le grand nombre des projectiles, le camp retranché jouissait d'une tranquillité relative. L'ennemi ne paraît pas, dès les premiers jours, avoir pris ces baraques pour point de mire ; il est probable que la situation du camp n'était connue de lui qu'imparfaitement ; il ne supposait guère que plus de 1,500 hommes étaient ainsi entassés à bonne

portée de ses coups, sans abris et sans défense : il n'eût pas manqué, sans doute, de profiter d'une occasion si belle, en couvrant le
Vallon de ses projectiles Mais, il faut le dire, si nous comparons
les quelques obus tombés au camp à ceux qui s'abattaient par
centaines et par milliers sur la redoute de Bellevue, sur les
Barres, la gare et les faubourgs, les baraquements du Vallon
n'étaient ni mieux ni plus mal que les positions de la rive
droite, au point de vue de la sécurité des troupes. Quelques
accidents isolés y répandirent une véritable panique, contre
laquelle les officiers ne surent ou ne purent réagir.

Et lorsque, le 6 décembre, des coups destinés à la Justice
eurent blessé grièvement 6 ou 7 hommes, parmi lesquels
l'adjudant et 3 sous-officiers du 1er bataillon, il fallut aviser à
changer l'emplacement du bivouac ; ordre fut donné d'évacuer
le camp retranché et de cantonner les troupes dans les maisons
qui bordent la route. Mais le danger n'était pas moins grand
derrière des cloisons et des murailles que sous les planches des
baraques ; on risquait, en plus du projectile, d'être écrasé sous
les débris des constructions qu'il pouvait atteindre ; les troupes
préférèrent se réfugier vers la limite gauche du camp, et là, se
creusant des terriers, épaulant les murs, mettant à profit tous
les obstacles, transformant toutes choses en défenses, elles cherchèrent tant bien que mal à se garer des obus. Mais le
9 décembre ce fut le tour du Vallon d'être bombardé méthodiquement ; c'est-à-dire que les projectiles y tombèrent non
plus isolément et comme par hasard, mais coup sur coup, dans

une direction déterminée, et bientôt par centaines. Les vedettes ennemies, depuis les pentes du Salbert et de l'Arsot, avaient constaté la veille le mouvement inusité qui s'était produit au camp, et l'artillerie prévenue en fouillait tous les recoins. On se figure aisément la terreur de cette troupe, affaiblie et démoralisée, lorsqu'elle reçut cette grêle de projectiles. En un clin d'œil, un homme tué et plusieurs blessés attestaient éloquemment à ceux qui survivaient que la place n'était plus tenable sans subir de grandes pertes. Le colonel Fournier en avisa le gouverneur ; la réponse de M. Denfert mérite d'être citée :

« Je ne comprends pas que vous m'écriviez des lettres pour me dire que vous ne pouvez plus tenir contre les obus ; si les officiers s'occupaient de leurs hommes, ils verraient d'où viennent les coups, quelle direction ils affectent, et feraient porter leurs hommes en dehors. »

Certes, nous ne demandons pas à M. Denfert de raisonner les troupes, ni de leur prouver du fond de sa casemate que des baraques en bois ou des murs de clôture sont contre les obus une défense suffisante. Mais ce que nous eussions voulu, dans cette circonstance comme dans d'autres semblables, c'est que, ne pouvant donner de raison sérieuse, M. Denfert n'en eût donné aucune. Il suffisait de dire aux soldats du Vallon : « Vous n'êtes pas les seuls exposés à découvert ; je demande à votre patriotisme de vous maintenir dans ce poste dangereux, mais essentiel à la défense ; je ferai prendre des mesures pour vous procurer quelque abri, sinon vous rentrerez à votre tour dans un casernement casematé. » Il n'est personne parmi les officiers ni parmi les hommes qui n'eût accepté avec résignation sa part du péril. Mais répondre par une dureté imméritée à l'adresse des officiers, qu'il leur suffit d'observer la ligne de tir pour garantir les troupes, c'était comme à dessein exaspérer tout le monde et raisonner par l'absurde. Dans la journée, il est vrai, le gouverneur se ravisa; il fut décidé que le 57ᵉ creuserait des abris dans les glacis de la Miotte, ainsi qu'on avait fait à Bellevue et aux Perches. Mais si nous remarquons que le régiment était cantonné dans les baraques du Vallon depuis près de quinze jours sans qu'on eût profité de ce temps pour lui faire commencer les travaux, nous sommes en droit de redire que M. Denfert, ni plus ni moins que tant d'officiers dont la réputation a souffert de la sienne, ignorait les effets de l'artillerie nouvelle, et faisait à Belfort son apprentissage.

De ce jour la démoralisation de cette partie du 57ᵉ fut à peu près complète. Exaspérés, degoûtés, découragés de ne voir compter pour rien tous les efforts, tous les sacrifices antérieurs, rebutés et déconsidérés non moins dans ce qu'ils avaient fait que dans ce qu'ils ne pouvaient faire, les officiers du Vallon sentirent leur ardeur décroître, et leur patriotisme, que rien ne soutenait, s'attrister de jour en jour. Une sorte d'apathie et de morne indifférence envahit les âmes; et l'historien constate avec douleur qu'il est un degré d'abattement et de démoralisation profonde où s'éteignent jusqu'à l'instinct de la conservation et l'amour de la vie.

Il semblait du reste que la fortune prît à tâche d'accumuler sur ce malheureux régiment tous les revers et toutes les hontes. Aux coups si douloureux qui l'avaient frappé jusqu'à ce jour s'ajouta une dernière disgrâce.

Le 57e provisoire, comme tous les corps de la garnison, avait fourni l'effectif d'une compagnie d'éclaireurs, corps d'élite, disaient les naïfs, entièrement formé de volontaires, et destiné à manœuvrer au delà de nos grand'gardes et de nos postes avancés. Avec le bombardement et l'installation des travaux ennemis aux approches des forts, le rôle de ces compagnies avait perdu de son importance ; les vices de leur organisation étaient demeurés les mêmes. A l'exception de quelques hommes résolus et véritablement braves, elles avaient reçu tous les rebuts de régiment, soldats indisciplinés ou paresseux qui recherchaient l'indépendance d'une troupe isolée pour se soustraire aux exigences de la loi commune. Tels capitaines que je pourrais citer n'étaient pas fâchés de déverser par ce canal les éléments douteux ou gênants de leurs compagnies. Les hommes pratiques n'ont jamais goûté, que je sache, ces troupiers dits de *bonne volonté*, qui s'offrent aux besognes extraordinaires ; dans un cas difficile, il y a plus de fond à faire sur une compagnie régulière, aux mains de ses officiers habituels, que sur un ramassis bizarre de volontaires de toute provenance.

En revanche, le commandement de ces compagnies d'éclaireurs avait été confié à des officiers d'une énergie et d'un courage reconnus. Il ne fallait pas moins que la volonté de fer de ces militaires pour triompher des difficultés et des obstacles qu'offrait le commandement dans ces corps disparates. Le lecteur connaît déjà le lieutenant de Prinsac, du 4e bataillon de la Haute-Saône, dont les éclaireurs acquirent, durant la période d'investissement, une certaine célébrité.

La compagnie du 57e provisoire avait été confiée à un ancien sous-officier de l'armée d'Afrique, militaire intelligent et dévoué, que recommandaient à ce choix les meilleurs états de service, avec la décoration de la Médaille militaire. Lieutenant aux débuts de la guerre, et bientôt après nommé capitaine, M. P.... brigua le dangereux honneur d'organiser les éclaireurs de son régiment; on lui adjoignit dans cette tâche le brave lieutenant Julien, le même qui, à Grosmagny, s'était obstiné à faire sauter les mines sans pouvoir y réussir. Mais soit qu'une intelligence plus nette de la situation l'eût averti à temps, soit que des motifs de santé lui eussent rendu trop pénibles les exigences d'un service exceptionnel, il rentra au bataillon dès les premiers jours de décembre, et laissa sa succession à un jeune officier de la plus haute distinction, sur lequel le combat de Bessoncourt avait attiré l'attention des supérieurs. Bien en prit à M. Julien.

Après l'établissement d'une première tranchée à la gauche d'Essert, les Prussiens l'avaient prolongée jusqu'au ravin de Bavilliers, et semblaient de ce point préparer le siége régulier de la redoute de Bellevue, qui domine ce village. Une seconde parallèle, croyait-on, à cinq cents mètres du fort, fut tracée dans la journée du 10 décembre, et le travail commencé à la tombée de la nuit (1). De Bellevue, on distinguait des bruits confus et des mouvements insolites qui parurent inquiétants au commandant de l'ouvrage. Pour se renseigner sur la nature de ces bruits, et, dans le cas où l'ennemi aurait réellement entrepris de pousser ses tranchées vers la redoute, lui faire abandonner sa besogne, il donna à la compagnie d'éclaireurs l'ordre de marcher en avant.

Les officiers de cette compagnie oublièrent en cet instant ce qui doit être la règle constante d'un commandement énergique : qu'ils n'avaient pas à renseigner leurs hommes, mais à les entraîner, conformément aux ordres reçus, sans se préoccuper des conséquences. En raisonnant ces soldats pour diminuer le danger à leurs yeux, ils les rendirent plus irrésolus. Les mauvaises têtes de la compagnie, elles étaient nombreuses, ameutèrent les autres, et quand les officiers voulurent exécuter l'ordre prescrit, la compagnie refusa de les suivre. Abandonnés par les hommes, il leur restait deux partis à prendre, extrêmes tous deux, et devant lesquels une appréciation calme et réfléchie n'eût permis aucune indécision. Il leur restait ou d'accomplir seuls la mission qu'ils avaient reçue, ou de contraindre, le revolver au poing, la compagnie à leur

[1] Cette tranchée, qui devait encore jouer un certain rôle dans la sortie du 20 décembre, et dont M. Thiers ne fait rien moins qu'une amorce de place d'armes, n'était qu'un poste de sentinelles avancées. Elle était si peu apparente que dans l'affaire de Froideval il fut impossible au lieutenant Journet, du génie, de la trouver; jamais d'ailleurs elle ne servit à rien de sérieux.

obéir; dans l'un ou l'autre cas il y allait de la vie, mais l'honneur restait intact. Dans la confusion du moment, ils préférèrent s'en rapporter au commandant de Bellevue, qui les chassa du fort.

Victimes de cette déplorable organisation des éclaireurs, les officiers furent traduits en conseil de guerre, et virent leur compagnie dissoute par un ordre du gouverneur. Ils étaient accusés de refus d'obéissance, étant commandés pour marcher à l'ennemi. Si l'ont tient compte de l'exagération habituelle aux actes d'accusation et aux réquisitoires, il n'y a jusque-là rien que de légal dans l'affaire.

Mais l'occasion qui s'offrait de faire un exemple sévère et éclatant aux dépens du malheureux 57e provisoire troubla si fort l'état-major de la place qu'on oublia jusqu'aux pratiques les plus simples de la justice militaire. Le gouverneur, qui, cette fois, avait de son côté le bon droit, négligea d'y joindre le calme et la patience. Le conseil de guerre, convoqué d'urgence pour le 18 décembre, fut composé avec une précipitation telle que la loi et les règlements furent en partie méconnus. On commença par éliminer tout officier de la Haute-Saône proprement dit; la communauté d'origine, la solidarité d'intérêt et la sympathie de clocher pouvaient mal à propos disposer les juges à l'indulgence. Nous ne ferons pas au gouverneur un reproche de cette exclusion systématique. Mais en donnant à un lieutenant-colonel de la mobile la présidence du conseil, tandis qu'un lieutenant-colonel de la ligne siégeait comme assesseur, il méconnaissait le décret ayant force de loi du 28 mars 1868 (1); et en plaçant parmi les juges un capitaine plus jeune de grade que le principal accusé, il violait la pratique habituelle du conseil de guerre. Le jugement, infirmé dans la personne des juges, devait l'être encore dans le prononcé de la sentence.

M. le capitaine de Beauséjour, qui remplissait auprès du conseil la fonction de commissaire, refusa de soutenir l'accusation, ce qui prouve au moins que les faits articulés n'étaient pas suffisamment établis. Par extraordinaire, M. de la Laurencie le suppléa, et le 19 décembre s'ouvrirent au Château les débats de cette affaire. M. de la Laurencie demandait l'application de la loi dans toute sa rigueur (2); M. Lebleu, l'éminent avocat de Belfort, présenta la défense. Il n'eut aucune peine à mettre hors de cause le lieutenant, couvert par la responsabilité du capitaine. Il représenta avec éloquence combien il était excessif de s'en prendre, dans une occasion semblable, aux officiers de la rébellion de leur troupe. N'était-ce pas, en effet, mettre leur

[1] « Dans toutes les circonstances où la garde nationale mobile sera réunie avec les troupes de l'armée, la droite appartiendra à l'armée, et le commandement général sera déféré à l'officier le plus élevé en grade de l'armée ou de la garde nationale mobile, et, à égalité de grade, à l'officier de l'armée, quelle que soit son ancienneté. » (Décret du 28 mars 1868, chap. VI.)

[2] « Est puni de mort, avec dégradation militaire, tout militaire qui refuse d'obéir lorsqu'il est commandé pour marcher contre l'ennemi, ou pour tout autre service, par son chef, en présence de l'ennemi ou de rebelles armés.

« Si, hors le cas prévu par le paragraphe précédent, la désobéissance a eu lieu sur un territoire en état de guerre ou de siége, la peine est de cinq à dix ans de travaux publics, ou si le coupable est officier, de la destitution avec emprisonnement de deux ans à cinq ans.

« Dans tous les autres cas, la peine est celle de l'emprisonnemenet d'un an à deux ans, et si le coupable est officier, de la destitution. » (Code de justice militaire, art. 218.)

honneur et leur vie dans la dépendance de quelques mauvais drôles, et transporter dans la sphère des responsabilités inférieures cette justice vindicative qui, à Athènes ou à Carthage, châtiait les généraux des défaites de leurs armées? N'était-ce pas faire de l'officier le pire des esclaves, placé entre les colères d'en haut et les rébellions d'en bas? Ces arguments furent assez puissants sur l'esprit des juges pour qu'on écartât dans le verdict le refus de marcher à l'ennemi. Il sembla dès lors qu'un acquittement pur et simple sortirait des débats. Mais où était l'exemple que le gouverneur réclamait à tout prix? Il fallut trouver un biais; M. le capitaine P.... se vit condamné pour refus d'obéissance pur et simple à la peine de la destitution; quant au lieutenant, il fut acquitté. L'exemple était manqué, et l'on ne fusillait personne. Mais le bon sens public, qui n'est pas tenu d'entrer dans les subtilités des tribunaux, se demande comment le capitaine P.... ne désobéit point pour marcher à l'ennemi, lorsqu'il est manifeste qu'il fut commandé pour cela.

De quelque manière qu'on interprète la loi, il est impossible d'en faire sortir logiquement d'autre peine que la mort. Si désobéissance il y avait, elle résultait du fait de ne pas marcher à l'ennemi; elle avait lieu en face de l'ennemi, sur un territoire en état de siége, et vainement on cherche à la placer sous la protection des circonstances atténuantes qu'admet le paragraphe 3 de l'article 218. Nous sommes donc en droit de conclure que la gravité de l'accusation ne répondait en rien au caractère de la faute. Si les juges se réfugièrent dans une disposition légale qui n'avait rien de commun avec les faits incriminés, c'est qu'ils sentirent leur main trembler au moment de signer la mort d'un brave et loyal militaire ; c'est qu'à travers l'accusation ils voyaient percer les germes de quelque passion humaine dont ils refusèrent de se faire les complices. L'état-major de la place réclamait une condamnation : sachons gré au conseil de ne pas l'avoir rendue sanglante.

Au milieu du discrédit qui frappait le malheureux 57e provisoire, le 4e bataillon de la Haute-Saône (Vesoul) gardait intacte la réputation d'ordre et de discipline qui le distinguait depuis son arrivée à Belfort.

Après le licenciement du 2e bataillon de la Haute-Saône et la dissolution de la compagnie d'éclaireurs du régiment, le 4e bataillon reçut du gouverneur une double marque de confiance, qui atteste la haute estime où il s'était placé jusqu'à ce jour. Au bataillon nouvellement organisé il fournit quatre officiers de divers grades : le lieutenant Galmiche, nommé capitaine ; le sous-lieutenant de Prinsac, nommé lieutenant, et les sous-officiers Jobard et Bedon, nommés sous-lieutenants. De Prinsac et Jobard étaient tous deux les organisateurs intrépides et intelligents d'une section d'éclaireurs qui se distingua entre les troupes du même genre par son entrain et sa discipline. M. Jobard, en particulier, s'était attiré l'admiration universelle par sa belle conduite dans les journées du 23 et du 24 novembre. Brave jusqu'à la témérité et d'un sang-froid égal à sa bravoure, ce jeune sous-officier, après une participation des plus brillantes à la défense d'Essert, s'était glissé, dans la nuit du 23 novembre, jusqu'aux avant-postes ennemis, et en avait rapporté de précieux renseignements. Le lendemain, dans le Mont, il soutint glorieusement ses exploits de la veille, et tombé malade à la suite de ses fatigues, n'en fut pas moins compris dans la première promotion au grade d'officier. La suite démontra combien ce choix était heureux pour la garnison.

Ce fut encore le 4ᵉ bataillon qui envoya à Bellevue, pour remplacer la compagnie du 57ᵉ, ses éclaireurs, organisés non plus en section, mais en compagnie. De Prinsac conserva le commandement de cette troupe avec le grade de lieutenant. On lui adjoignit M. de Rochetaillée, lieutenant au bataillon, dont la réputation était devenue proverbiale ; cet officier ajoutait à un entrain irrésistible ce courage tapageur et théâtral qui séduit les masses. Une voix de stentor dominant dans le combat le bruit de la fusillade et du canon, des allures familières et d'une rondeur campagnarde, un tempérament d'acier, faisaient de lui un de ces types que Noriac eût, avec bonheur, ajouté à son *101ᵉ*.

Il rejoignit de Prinsac dans la redoute de Bellevue ; on leur assigna pour casernement la maison Sibre, située à gauche de la route de Bavilliers, sur le bord d'un ravin à pentes douces que dominait du côté opposé le bâtiment de la Tuilerie, située à cent cinquante mètres ; c'est là que les Prussiens avaient installé leurs avant-postes. La compagnie avait pour mission de surveiller ce côté, qui formait pour Bellevue une position redoutable. A partir de la Tuilerie, le terrain s'abaisse jusqu'au village de Bavilliers, formant à droite un ravin profond, où il était possible à l'ennemi de se masser sans être vu, pour tomber à l'improviste sur le fort. La compagnie d'éclaireurs installait ses sentinelles dans le petit cimetière des Juifs, dont les murs avaient été crénelés ; de ce point l'ennemi était assez surveillé pour qu'il ne relevât ses postes que de nuit, avec des précautions minutieuses. Dans la journée, ses sentinelles se dissimulaient soit derrière la barricade qui coupait la route en avant de la Tuilerie, soit dans des trous creusés en terre et le long d'une tranchée qui s'étendait à cinquante mètres des deux côtés de la route. Ce fut sur ce point que la guerre d'escarmouche et de surprise fut particulièrement vive et acharnée ; on ne se découvrait pas impunément derrière la tranchée prussienne ; des chassepots vigilants étaient braqués sans cesse sur cette ligne de terre que dépassait à peine la baïonnette du factionnaire. L'auteur se souvient d'un pauvre diable de wehrmann qui, à demi-mort de froid, crut un jour pouvoir lever la tête sans danger. Nos sentinelles le guettaient sans être vues : peu à peu son profil se dessine dans toute sa longueur ; il pose son fusil ; puis avec frénésie se livre à cet exercice réchauffant qui consiste à croiser violemment les bras autour des épaules. A la troisième passe, ses bras restèrent étendus et raidis ; il retomba dans la tranchée pour ne plus se relever : un de nos éclaireurs l'avait *refroidi pour toujours*.

Les Prussiens, il est vrai, nous rendaient bien cette meurtrière surveillance ; l'avant-poste de Bellevue semblait si fort gêner leurs desseins qu'ils ne se contentaient pas, pour le réduire, de la simple fusillade. La maison Sibre fut criblée de projectiles de toute nature, les allées et venues de nos éclaireurs guettées avec soin, et le long de la tranchée qui flanquait la Tuilerie, pointés des engins d'une nature particulière, qui lançaient dans le cimetière des balles de la forme et de la grosseur d'un œuf : c'étaient, disait-on, des fusils de rempart. Ce feu meurtrier fit dans nos rangs plus d'une victime, mais sans diminuer jamais l'ardeur des troupes et sans les intimider dans leur périlleuse position.

La rebellion des éclaireurs du 57e avait permis à l'ennemi de creuser tout à l'aise quelques trous en avant de sa tranchée de Bavilliers. A cette faible distance il surveillait les mouvements de la redoute et inquiétait le flanc droit de l'avant-poste. M. le capitaine Thiers résolut de les expulser de ce qu'il appelle pompeusement *la seconde parallèle* contre Bellevue. Dans la nuit du 11 au 12 décembre, M. de Prinsac reçut l'ordre d'aller la reconnaître, et, s'il était possible, d'en chasser les postes prussiens. Le bout de tranchée le plus rapproché, débordé à droite et à gauche par nos éclaireurs, qui l'attaquèrent sans tirer un coup de fusil, fut un instant sérieusement compromis. La section de M. de Rochetaillée, qui s'était avancée résolûment vers le village de Bavilliers, puis s'était retournée contre les retranchements, qu'elle dépassait de cinquante mètres, fut sur le point de prendre prisonnière la garde qui les occupait. Mais, attaquée de revers et en flanc par les troupes ennemies occupées alors à la construction de la batterie du ravin de Bavilliers, elle revint sur ses pas dans un ordre parfait, tenant à distance les travailleurs prussiens qui cherchaient à lui couper le chemin de la retraite. Il en coûta aux éclaireurs trois hommes tués ou blessés, et à l'ennemi une vingtaine d'hommes hors de combat, qu'il vint relever au jour, sous la protection du drapeau de la convention de Genève.

Le lendemain de cette petite sortie sur les tranchées prussiennes, la compagnie d'éclaireurs participa, avec trois compagnies du 3e bataillon du 57e, à une reconnaissance offensive dans le bois de Bavilliers. Quoique cette opération ne se rattache qu'indirectement au plan de notre ouvrage, nous croyons indispensable, pour l'intelligence de l'ensemble, d'en dire quelques mots.

Les premières batteries prussiennes en avant d'Essert étaient construites sur la rive gauche d'un petit affluent (1) de la Savoureuse, qui, coulant de l'ouest au sud, vient se jeter dans cette rivière entre Bermont et Sevenans. Il forme avec la Savoureuse un angle qui, de Danjoutin à Bavilliers, présente environ deux mille mètres d'ouverture, et que la ligne de Besançon traverse à l'ouest. Tout cet espace intermédiaire est occupé par des bois qui longent la route de Montbéliard, et sur la lisière desquels, à égale distance des villages d'Andelnans

[1] La Douce.

et d'Argiésans, est située l'importante ferme de Froideval, au sud de Danjoutin. C'étaient ce qu'on appelle les Grands-Bois, se continuant dans la direction du nord, au-delà de la ligne ferrée, par les bois de Bavilliers.

Rien ne démontre mieux, selon nous, l'audacieuse confiance de l'état-major prussien que la situation respective de nos avant-postes sur ce point. L'ennemi n'avait occupé en force que la ligne de Cravanche à Bavilliers, avec Essert au centre, s'appuyant d'une part sur les hauteurs boisées du Salbert et du Mont, et d'autre part sur le village de Bavilliers et les bois qui l'entourent. Tandis que ses grand'gardes garnissaient l'espace compris entre la Tuilerie et la ligne ferrée dans la direction du sud, nous occupions, plus au sud et sur la même ligne, une partie des Grands-Bois avec la ferme de Froideval, faisant face à la Douce, et ayant l'ennemi sur nos derrières. Il est vrai que, de Danjoutin, des postes, se reliant au village et au bois, couvraient les troupes de Froideval contre une surprise de ce côté. Il n'en demeure pas moins constant que la position des Grands-Bois pouvait être considérée comme compromise aussi longtemps que le bois de Bavilliers resterait au pouvoir de l'ennemi. Réciproquement, il semblait que les postes prussiens du bois de Bavilliers fussent menacés par la position de Froideval ; mais ils avaient sur nous l'avantage d'être adossés à un village et solidement appuyés vers la gauche aux bâtiments de la Tuilerie.

Le colonel Denfert crut la situation assez favorable pour

tenter d'enlever le bois de Bavilliers, faiblement occupé d'ailleurs. L'opération, entreprise le 13 décembre, dans l'après-midi, réussit sans trop de peine; mais avec une promptitude de conception qui honore l'état-major de Treskow, le soir du même jour l'ennemi se jeta sur le bois du Bosmont, au sud des Perches, enveloppant par le flanc droit le village d'Andelnans, qui dut être évacué; le lendemain, à cinq heures du matin, il aborda de front la position de Froideval et les Grands-Bois, d'où nos troupes se replièrent en toute hâte vers Danjoutin. En même temps, le poste de la Tuilerie, que les Prussiens avaient quitté la veille dans la crainte d'être pris de revers, était réoccupé sans combat sur nos éclaireurs; les compagnies du 84ᵉ laissées à la garde du Grand-Bois, débordées de toutes parts et s'orientant mal dans la confusion du moment, réussirent, non sans perdre beaucoup de monde, à échapper aux étreintes de l'ennemi.

Le résultat de ces trois journées fut de livrer à l'ennemi, avec le bois de Bavilliers, que nous pensions enlever, les abords du village de Danjoutin. La stratégie du gouverneur s'était retournée contre elle-même; en voyant l'avantage considérable qui en revenait aux Prussiens, on se demande si l'abandon du bois de Bavilliers n'était pas une feinte habile destinée à tenter le gouverneur. En ce moment, par le bois du Bosmont, l'ennemi s'avançait jusqu'au chemin de fer de Mulhouse; avec les Grands-Bois et celui de Bavilliers, il était maître de la ligne de Besançon. Le village de Danjoutin, situé dans l'angle que font en divergeant à l'est et au sud ces deux lignes, allait ainsi se trouver à la merci de toutes les entreprises de Treskow. Des espérances magnifiques et des rapports enthousiastes qu'avaient suggérés les événements de ces journées, c'était ce qui restait de plus clair. Une première tentative de l'ennemi dans la soirée du 13 l'avait démontré à tous les yeux ; un désastre unique dans l'histoire du siége devait bientôt confirmer ces tristes prévisions.

Dans cet épisode, les éclaireurs de Prinsac ne remplirent qu'un rôle peu important. Après avoir un instant occupé Andelnans, ils reprirent leurs positions du cimetière des Juifs. Avec deux de ses hommes, de Prinsac se hasarda jusqu'à la barricade de la Tuilerie, qu'il trouva dégarnie de défenseurs. Au lieu de l'occuper en force avec toute sa troupe, il en rapporta comme trophée quelque débri de construction, et le lendemain les Prussiens s'y réinstallèrent sans coup férir (1).

Les trois compagnies du 57ᵉ, sous le commandement du capitaine Louet, défendirent avec assez d'énergie un bâtiment considérable du village de Danjoutin dans la soirée du 13 décembre ; portées pendant la nuit vers la ferme de Froideval, elles ne firent pas le lendemain aussi bonne contenance ; l'ennemi les ramena la baïonnette dans les reins jusqu'à la lisière du bois, leur blessa trois hommes et fit

______

[1] Il faut dire, à la décharge de nos éclaireurs et de M. de Prinsac incriminé dans le récit officiel, qu'ils restèrent sans ordres pendant ces deux jours et n'en purent obtenir de personne pour participer à la lutte.

quelques prisonniers : ce fut la seule action offensive à laquelle le 3ᵉ bataillon de la Haute-Saône eût assisté durant le siége. Caserné au Château, il subit avec la garnison de cet important ouvrage toutes les épreuves d'un bombardement épouvantable. Quelques compagnies détachées au camp retranché participèrent aux misères et aux privations qui, dans ce bivouac plus que partout ailleurs, réclamaient des courages résolus et une abnégation exemplaire. Durant un hiver exceptionnellement rigoureux, impuissants à se défendre contre la neige et les froids, complétement à découvert sous le feu de l'ennemi, ces soldats déguenillés et misérables désapprirent pendant deux mois jusqu'aux plus minces jouissances; ils moururent sans se plaindre, calomniés et vilipendés jusque dans leur résignation héroïque, démentant chaque jour l'image idéale que le poète se fait de la vie militaire (1); la mort les emportait lentement, ne leur épargnant aucune torture, sans que la victoire, même en rêve, les consolât de mourir.

[1] Aut cita mors venit, aut victoria læta. (Horace.)

CHAPITRE II.

Commencement du siége régulier. — Combats d'artillerie. — Fêtes de Noël et du jour de l'An. — Etat de la population civile et de la garnison. — Danjoutin.

L'occupation du Bosmont et des Grands-Bois par l'ennemi marquait un changement radical dans le plan d'attaque. Jusqu'à ce jour, le général de Treskow s'était flatté de la trompeuse espérance qu'un bombardement insensé, dirigé sur la ville et les faubourgs, amènerait la reddition de la place. Il y avait quinze jours que ce jeu durait, démolissant des toitures, incendiant quelques constructions, tuant jusque dans leurs lits de pauvres victimes inoffensives ou quelques soldats obscurs qui, portés au Pré-Gaspard, étaient oubliés aussitôt. Mais, sauf quelques affûts brisés à Bellevue et aux Barres, plus de cinquante mille projectiles de toute nature semblaient dépensés par l'ennemi en pure perte. Remise de la frayeur des premiers jours, la garnison, loin de perdre courage, concevait la possibilité de soutenir à l'indéfini cette attaque désordonnée. La population civile, résignée et silencieuse, avait fait le sacrifice de ses biens, et pour sauver au moins la vie s'était réfugiée dans les caves. L'effet psychologique que l'ennemi se promettait pouvait être considéré comme manqué : l'observateur attentif découvrait sans peine que le courage de la garnison, loin de faiblir, s'était trempé dans les premières épreuves ; depuis six semaines que durait le siége, l'ennemi, sans le savoir, n'avait réussi qu'à reculer l'heure de la reddition. L'ardeur de nos canonniers qui redoublait avec la rage de l'attaque, l'attitude énergique des redoutes avancécs de Bellevue et des Barres, où la nuit réparait les désastres du jour, l'entrain de nos avant-postes, et cette sorte d'insouciante gaieté qui, par mille stratagèmes, dénote le bon esprit des combattants, démontraient à l'ennemi qu'il faisait fausse route.

Battu dans ses procédés de destruction qui lui avaient si bien réussi jusqu'à ce jour, il lui fallut revenir à la classique méthode d'un siége régulier. Mais un changement aussi considérable ne s'opérait pas en un jour. Il s'agissait en effet de transporter les pièces de gros calibre installées aux abords d'Essert vers les batteries nouvellement construites, et pour masquer ces travaux, continuer néanmoins le feu des positions primitives. Les froids rigoureux avaient durci la terre ; ce n'était plus en une nuit, comme au mois d'août à Strasbourg, qu'on creusait un kilomètre de tranchées à portée de la place. Tous les récits allemands s'accordent à représenter la situation de l'armée assiégeante comme une des plus pénibles que la campagne eût présentées aux troupes. Le terrain montagneux, le transport des munitions et des pièces par des chemins impraticables, le sol qui, par ces froids, faisait feu sous le pic, tandis qu'au dégel il se transformait en une mare de boue où l'on ne pouvait prendre pied, étaient de ces obstacles purement naturels qui réclamaient des troupes une patience et une persévérance plus qu'humaines (1). Le génie en particulier perdait beaucoup de monde. A la tombée de la nuit, les troupes de cette arme quittaient leurs cantonnements éloignés, restaient trois heures en route pour arriver aux parallèles, y passaient la nuit entière, luttant soit contre les froids excessifs, soit contre l'eau et la boue qui envahissaient les ouvrages, puis s'en retournaient au bivouac diminuées d'un tiers, n'ayant pour lit que quelques brins de paille et un manteau mouillé en guise de couverture. A certains jours, dit une correspondance allemande, il ne fallait pas moins de quatre heures pour accomplir un trajet de quelques kilomètres. Au retour, les compagnies n'avaient plus d'apparence militaire; le long de la route, s'en allaient chancelants et isolés comme des ombres les soldats à demi-morts de fatigue et d'épuisement (2). Mais l'organisation prussienne était tellement pratique, et la discipline des troupes tellement rompue à toutes les exigences, que ces obstacles presque insurmontables n'arrêtèrent pas un instant l'état-major de Treskow devant les nécessités d'un changement d'attaque.

Le colonel Lecoix, du génie anglais, accrédité près de l'état-

[1] WINTERFELD, *Histoire de la Guerre de* 1870.
[2] *Ibid.,* page 471.

major de la division de siége, et qui avait fait la campagne de Crimée, se répand en éloges sur l'activité, la rapidité et la précision des corps spéciaux de l'armée prussienne. Tandis qu'à Sébastopol la construction de certaines batteries avait coûté plus d'un mois de travail, à Belfort, dans l'espace de quatre jours, des batteries sortaient de terre comme par enchantement, et cela dans des conditions singulièrement défavorables.

Le déménagement des pièces d'Essert était en voie d'exécution lorsque, le 20 décembre, la compagnie d'éclaireurs de la Haute-Saône, sous le commandement des lieutenants de Prinsac et de Rochetaillée, entreprit une démonstration dont on se promettait des merveilles. Sortie du fort des Barres à huit heures du soir, elle se développa en tirailleurs depuis les pentes du Mont jusqu'au ravin de Bavilliers, ouvrant un feu aveugle sur les tranchées prussiennes, hurlant et vociférant pour donner le change sur sa force véritable. On se figurait sans doute que l'ennemi, attiré par cette attaque bruyante sur une ligne aussi étendue, se porterait en masse dans ses ouvrages et aux abords. Car en ce moment l'artillerie du Château, des Barres et de Bellevue, faisant feu de toutes ses pièces, couvrait les lignes prussiennes d'une grêle de projectiles. Cet amusement dura une demi-heure environ, non sans donner aux Prussiens de sérieuses inquiétudes, mais sans leur causer de grandes pertes. Un officier prisonnier, que l'auteur questionna plus tard sur cet épisode, nous déclara, sans hésitation, que cette tapageuse manifestation sur Essert leur dénotait une feinte attaque. Préoccupés de leurs nouvelles positions du Bosmont et d'Andelnans, ils firent bonne garde de ce côté, dans l'attente d'une action sérieuse, laissant d'ailleurs tout le fracas de l'artillerie passer sur Essert et les tranchées de bombardement, où ils ne perdirent que quelques hommes.

A cette époque du siége où la pénurie de projectiles se faisait de notre côté cruellement sentir, il pouvait paraître souverainement imprudent, pour ne pas dire ridicule, de dépenser dans cette récréation fantastique des obus qui, en plein jour, sur des points nettement entrevus, auraient produit des effets bien plus meurtriers. La juste indignation du capitaine Deffayet, aux Barres, en face de ce gaspillage désordonné n'était que trop fondée. Quant aux dithyrambes entonnés à ce sujet dans les récits officiels, justifiés suffisamment au point de vue artistique (le coup d'œil était splendide en effet), nous n'en saurions accepter un seul mot au point de vue militaire. Avec un ennemi aussi positif et aussi tenace que l'armée prussienne, ces sortes de comédies ne pouvaient que compromettre la réputation de méthode et d'intelligence que la garnison s'était acquise jusqu'alors. Il est vrai que les apparences semblèrent grandir, les jours suivants, l'entreprise de l'état-major de la place. Le feu des batteries prussiennes nous parut exceptionnellement ralenti ou désordonné. Mais si l'on veut bien remarquer qu'en ce moment le nouveau plan de l'ennemi était en voie d'exécution, qu'à la droite de Bavilliers et sur les flancs du Bosmont des batteries nouvelles sortaient de terre, il n'est pas un juge sérieux de la situation qui n'attribuât à ce fait, plutôt qu'à la sortie du 20 décembre, le calme relatif dont nous avons joui pendant quelques jours.

Nous touchions aux fêtes de Noël. Dans un ordre de forme bizarre, M. le colonel Denfert avait averti la garnison qu'à l'intention du sapin de Noël (1), et pour la plus grande satisfaction des *piétistes* d'outre-Rhin, nous pouvions nous attendre à quelque entreprise audacieuse sur nos positions de la rive droite. Il faut croire, pour l'honneur du colonel Denfert, qu'il employait ce langage afin de stimuler notre vigilance, sans croire un traître mot des craintes qu'il exprimait. Il était par trop étrange de supposer que, sans pratiquer des cheminements et sans éteindre notre feu, l'ennemi se jetterait sur une redoute aussi bien défendue que Bellevue ou sur le fort des Barres, dont les fossés défiaient l'escalade. Quelques jours plus tard, un ordre non moins singulier, et qui offrit ample matière aux plus joyeuses plaisanteries, nous parla d'échelles et de cordes, dont des voitures entières, parvenues à l'armée ennemie, auraient

[1] « La fête de Noël est tous les ans, particulièrement parmi les populations du Nord de l'Allemagne, l'occasion de fêtes de famille où tout le monde se réunit autour de l'arbre, généralement un sapin, appelé arbre de Noël; aux branches de cet arbre sont suspendus les cadeaux de toute nature que se font entr'eux les enfants de tout âge des différents membres de la famille. La soirée se termine ordinairement par un repas autour de l'arbre, etc. » [Ordre du 20 décembre 1870.]

été destinées à l'assaut des Barres. C'était se faire une idée bien fausse de l'armée la plus méthodique et la plus circonspecte du monde ; que dis-je ? c'était ou prêter à l'état-major de Treskow des desseins puérils et extravagants, ou transformer les troupes prussiennes en guerriers fabuleux qui, invisibles et invulnérables, se dispensaient de compter avec les escarpes des fossés et la mitraille des pièces (1). Il semblait qu'au lieu de réagir contre ces craintes pusillanimes, M. Denfert eût pris à tâche de les exalter par ses recommandations fantastiques.

Notre artillerie, pendant ce temps, luttait avec une supériorité marquée contre les batteries de bombardement. L'ardeur était vive, surtout au Château et dans les forts avancés de Bellevue et des Barres. Malgré le rationnement des projectiles, dont la pénurie se faisait sentir, un feu nourri couvrait les abords d'Essert et de Bavilliers, en même temps que depuis le Château et les Perches, les travaux du Bosmont étaient ou bouleversés ou entravés avec vigueur. Aux Barres, les artilleurs du Haut-Rhin et ceux de la Haute-Garonne, si différents de caractère et d'allures, apportaient à l'œuvre commune, les uns leur calme docile et leur froide résolution, les autres une gaieté communicative et un entrain qui ne se démentit jamais. Transportés du climat facile de la Garonne au milieu des neiges

---

[1] Avec des soldats aussi novices que les nôtres, cette terreur superstitieuse de l'ennemi et cette folle croyance à sa supériorité étaient assez enracinées dans les esprits pour donner de sérieuses appréhensions aux hommes réfléchis. L'auteur se souvient de deux cavaliers audacieux qui s'approchèrent un jour assez près de la grand'garde. « Voyez-vous ces deux uhlans, disait à l'officier un de ces conscrits émus ; les voilà qui vont nous cerner ! »

et des glaces, arrachés à la vie riante des provinces méridio-
nales pour venir coucher sur la dure, et veiller durant de
longues heures auprès d'un canon sur le rempart, ces braves
jeunes gens, si confiants et si sympathiques, pendant que les
obus fauchaient dans leurs rangs trouvaient encore le mot
pour rire, et fredonnaient dans la nuit les joyeux refrains de la
patrie absente. A Bellevue, une batterie de la Haute-Garonne,
surmenée et harassée par le service exceptionnellement rude
de cette redoute avancée, fut remplacée le 29 décembre par la
2ᵉ batterie *bis* du 12ᵉ d'artillerie. Vésuliens pour la plupart et
presque tous de la Haute-Saône, ces braves jeunes gens,
artilleurs improvisés (1), quittèrent la Justice, où jusqu'à ce
jour ils s'étaient fait avantageusement connaître par leur participation à l'affaire de Bessoncourt, par le bombardement
quotidien des positions ennemies à l'est de la place. Dans ce
fort, il est vrai, des parapets solides les abritaient contre les
coups du dehors ; aucune batterie ennemie n'avait pu sérieusement y lancer ses projectiles, et c'était dans une sécurité
relative que les pointeurs s'y formaient à de plus rudes
combats. Bellevue au contraire, de toutes nos positions la
moins fortifiée, et pour cette raison même la plus malmenée
par l'ennemi, offrait un digne champ à leur courage. La veille,

---

[1] Il est au moins singulier que dans son livre M. Thiers, qui a vu ces
canonniers auxiliaires arriver dans sa redoute sous la défroque des mobiles,
et qui les connaissait pour être de la Haute-Saône, s'obstine à les appeler :
« artilleurs de la ligne. » Un éloge donné à la mobile de notre département
coûtait donc bien à sa plume !

une batterie prussienne de dix à douze pièces avait ouvert son feu depuis le ravin de Bavilliers, à moins de mille mètres de l'ouvrage, et le canonnait avec fureur.

Nous empruntons le récit qui va suivre aux souvenirs de l'un de ces jeunes artilleurs de la Haute-Saône, acteur intrépide du drame qui devait attirer l'anxieuse attention de l'ennemi non moins que de la garnison.

Entrée au fort de Bellevue le 29 décembre, à la nuit, la batterie du 12e régiment procéda à l'installation de ses pièces ; elles étaient au nombre de huit, dont deux de 12 rayées, et toutes les autres de l'ancien modèle. Plusieurs d'entr'elles avaient été démontées dans la journée ; les parapets fortement endommagés étaient, en certains endroits, rasés au niveau de la banquette, découvrant la pièce et ses servants aux coups de l'artillerie ennemie. Toutes les embrasures étaient à refaire.

La nuit fut employée à changer les affûts brisés, à relever les parapets, à brouetter les munitions sous le feu continu des batteries prussiennes. Au jour, le fort était remis à neuf et prêt à entrer avantageusement en lutte.

Le tir de la batterie de Bavilliers avait redoublé d'intensité aux premiers rayons du matin, et à sept heures les coups se suivaient sans intervalle. Au fort, on achève les derniers préparatifs pour la lutte. Le capitaine Thiers, parcourant les groupes, fait passer dans tous les cœurs l'ardeur qui l'anime ; le lieutenant du génie Journet lui prête son concours. Quant au lieutenant Schuler, commandant la batterie, un de ces officiers braves et sympathiques qui deviennent l'idole du soldat parce qu'ils ne songent pas à s'en faire les maîtres, se confiant dans le bon esprit de ses hommes et sûr de leur courage, il vérifie le pointage, rectifie les hausses, aussi tranquille au milieu des obus qui inondent le fort, qu'il l'eût été sur un champ de manœuvre.

Enfin le signal est donné ; pendant quatre heures consécutives les huit pièces de la redoute, ainsi qu'en un jour de bataille, s'acharnent sur les batteries prussiennes ; des boulets sphériques cherchent à écraser la formidable artillerie d'outre-Rhin. Chose admirable ! Ils y réussissent. Le capitaine Thiers faisait pointer successivement toutes les pièces sur une seule embrasure, et dans la masse de projectiles dirigés vers un même point, il était rare qu'un boulet plus heureux ne culbutât la pièce ou ne la mît hors de service. Par ce procédé, dans la matinée du 30 décembre, les artilleurs novices de la Haute-Saône, avec des canons élémentaires, éteignirent le feu de la batterie de Bavilliers. Mais ce ne fut pas, certes, sans répandre bien du sang. Une dizaine d'entr'eux avaient été plus ou moins grièvement blessés ; les autres, malgré les fatigues d'une nuit de travail à la belle étoile, malgré cette matinée de combat furieux et acharné, ne demandaient qu'à reprendre la lutte.

Toutes les pièces étaient atteintes ; ici l'embrasure complétement démolie laissait voir à l'ennemi la pièce et ses servants, ce qui n'empêchait pas ceux-ci de riposter à découvert ; là un obus venait éclater entre les roues d'un canon qu'il démontait, ensevelissant sous les décombres les deux artilleurs qui la servaient encore. Couverts de sacs à terre que l'explosion avait jetés sur eux, ils se relevaient en se tâtant les côtes et passaient à la pièce voisine. Plus loin un obus éclate sur la gueule d'une pièce dont il fait partir le coup, mais sans blesser personne. Ici encore un projectile ricochait à la volée au milieu des servants sans éclater, et le recul de la pièce contusionnait l'œil du pointeur.

La journée du 30 fut plus terrible encore; le lieutenant Schuler eut la tête fracassée par les éclats d'un projectile qui, avec lui, mettait trois hommes hors de combat. La mort de cet officier aimé ralentit un instant le feu de la redoute, non que nos artilleurs redoutassent pour eux-mêmes un sort semblable, mais parce que la douleur causée par une telle perte répandait dans les âmes comme une sorte d'immobilité et de stupeur.

Le lendemain, un renfort de vingt nouveaux mobiles vint combler les pertes des journées précédentes; ceux-ci continuèrent les exploits de leurs camarades, vengeant avec éclat les blessés et les morts, échangeant avec l'ennemi, abasourdi et terrifié, les seuls souhaits de nouvelle année que permissent les circonstances.

Tel fut un des plus brillants épisodes de ce combat d'artillerie qui durait depuis un mois sans interruption; la Haute-Saône y répandait son sang à flots, et par la mort des siens marquait toutes les heures de cette terrible résistance.

A la lumière de ces faits qui sont l'expression de la vérité même, le lecteur jugera ce que vaut, dans l'histoire contrôlée par M. Denfert, cette affirmation étrange : « Après le 84e de ligne, il ne restait de passable que les mobiles du Rhône, pleins de bonne volonté et de patriotisme. » Il jugera de même ce que valent des hommes qui, pour se grandir eux-mêmes, ont ainsi calomnié les auteurs de leur gloire.

La population de Belfort et la garnison présentaient en ce moment un spectacle admirable. Depuis deux mois entiers nous étions privés de toute communication avec le dehors ; l'investissement nous avait familiarisés avec l'ennemi, et par les divers combats qui l'animaient chaque jour, nous avait permis de mesurer l'étendue des ressources, l'opiniâtreté et la circonspection de l'adversaire. Le bombardement nous initiait à la connaissance exacte de son artillerie, et nous suggérait, avec une intelligence plus complète de la situation, les moyens de la supporter davantage. Le courage d'un assiégé comporte plus de résignation que d'ardeur : il s'agit bien moins de réagir violemment contre des épreuves inévitables que de les endurer sans murmure, de renoncer graduellement, par l'expérience journalière, aux espérances téméraires, aux folles présomptions. Du chêne qui se brise en résistant à l'orage, et du roseau qui courbe la tête pour la redresser soudain, l'image du roseau doit être l'idéal d'une place assiégée. Si le courage actif, qui se raidit contre les obstacles et succombe dans la lutte, est plus imposant et plus poétique, le courage passif, qui consiste à tout endurer sans faiblir et sans désespérer, est plus pratique et plus intelligent. Comme l'a dit je ne sais quel auteur ancien, il est moins rare de rencontrer des hommes prêts à marcher à la mort, qu'il ne l'est d'en voir qui supportent patiemment la douleur (1).

Cette patience et cette résignation ont fait la résistance de Belfort. L'observateur subitement transporté des événements extérieurs dans cette sanglante arène où nuit et jour la mort accomplissait son œuvre lente mais sûre, soit qu'il parcourût les rues et les demeures de la ville, soit qu'il visitât les forts avancés et les bivouacs des troupes, eût marché d'étonnements en surprises. Pour le philosophe qui étudie l'activité humaine sous toutes ses formes, il en eût trouvé à Belfort un exemple tel que rarement, dans l'histoire des nations, il s'en rencontre. Nous convions le lecteur à une excursion de ce genre.

Il est nuit; l'acharnement de l'ennemi a diminué avec l'épuisement de ses munitions, avec les ténèbres protectrices qui voilent à ses yeux la ville et les forts. De minute en minute un éclair sillonne l'horizon; c'est une bombe qui décrit dans les airs sa courbe de feu et va tomber sur les parapets des Barres ou les glacis de Bellevue, puis rebondit comme un serpent et éclate avec fracas, projetant dans tous les sens ses débris meurtriers; c'est un obus qui déchire l'air avec un sifflement strident; dans la brume et le brouillard, répercuté par les échos des montagnes et des vallées, le sifflement se transforme en un

[1] Qui se ultro morti afferant faciliùs reperiuntur quàm qui dolorem patienter ferant.

craquement formidable, pareil à celui du tonnerre. Où est tombé le projectile ? A-t-il frappé dans son sommeil quelque victime inoffensive ? A-t-il mutilé sur le rempart quelque obscure sentinelle ? L'artilleur même qui a pointé le coup ne saurait le dire, et celui qu'il frappe reçoit la mort d'une main inconnue ; étendu dans la neige ou renversé sur l'affût d'un canon, il laisse au factionnaire qui le remplacera tout à l'heure un poste inondé de sang, avec la perspective d'un sort semblable, sans ressources pour s'en garantir.

Comme des points noirs sur la neige, immobiles et grelottantes, les sentinelles des grand'gardes surveillent les batteries ennemies. Elles épient au loin le roulement des caissons qui transportent durant la nuit la masse énorme des projectiles que réclame l'œuvre du jour. Pensives, elles voient monter dans le ciel les traînées lumineuses des bombes qui, du Château, des Barres et des Perches, vont s'abattre sur Bavilliers ou sur Essert. Aux détonations succède le bruit des poutres et des murs s'effondrant avec fracas ; quelques cris, parfois des hurlements ou des jurons en langue germanique se perdent dans les ténèbres, et attestent la précision de notre artillerie. Souvent un incendie colore le ciel de ses sinistres lueurs ; que les flammes s'élèvent sur la ville ou qu'elles dévorent quelque ferme écartée, quelque maison de cultivateur, on songe avec douleur que l'œuvre d'une vie de travail honnête et de fatigues noblement supportées disparaît en un clin d'œil dans le gouffre des ambitions humaines.

En arrière des sentinelles, comme d'immenses squelettes se découpant sur le fond noir du ciel, s'élèvent quelques bâti ments à moitié dévorés par le feu, troués par les obus, écrasés sous les bombes. Là sont installés des postes de grand'gardes, muraille vivante jetée au-devant de nos forts, destinée en cas d'attaque à recevoir le premier choc, à donner à la place le temps de se mettre sur ses gardes (1). Dans une cave étroite et humide vivent pêle-mêle la famille du fermier et une quarantaine d'hommes. Quelques-uns dorment debout appuyés contre les murs, leur fusil entre les jambes; d'autres, accroupis autour d'un fourneau, font provision de chaleur pour la faction qui les attend, ou ressuscitent de celle qu'ils ont quittée tout à l'heure. La bougie est devenue un luxe inconnu; fixé au bout d'une baguette que la sagacité du troupier a taillée en pince et fichée dans le mur, brûle un morceau de lard rance. A la lueur douteuse de cette lampe, quelques sous-officiers tourmentent des cartes graisseuses, insouciants entre deux rondes comme ils l'étaient au foyer rustique, après les travaux du jour, quand les bœufs reposaient à l'étable et que les propos joyeux prolongeaient la veillée. L'officier, que la responsabilité rend soucieux, retourne pour la vingtième fois un almanach du temps passé, ou dans une demi-somnolence, à travers la fumée des pipes et les vapeurs de la cave, rêve à la maison paternelle. Au moindre bruit il se lève, sort de cette caverne, qu'une

---

[1] Ces postes de grand'gardes en face d'Essert étaient situés à cinq cents mètres à peine des batteries ennemies.

seule bombe transformerait en tombeau, et remonte à l'air pur.
Il s'assure que l'ennemi, immobile dans ses tranchées, n'a
point modifié sa ligne de tir d'une façon inquiétante, qu'il ne
tentera point sur le poste quelque action de surprise (1). Tous les
huit jours revient périodiquement pour lui cette nuit d'anxieuse
surveillance ; et lorsque, à cinq heures du matin, il entend
derrière lui les pas étouffés de la compagnie qui vient le relever,
c'est avec un soupir de soulagement qu'il ramène ses hommes,
que, comptant sur ses doigts, il se dit en lui-même : « Encore
une de passée !... »

Ce n'est pas qu'au fort l'existence soit beaucoup plus heureuse ; mais il y trouve du moins quelques heures d'un sommeil
à peu près tranquille ; il y trouve surtout la société de ses
camarades, et cette atmosphère de confiance réciproque,
d'amitié et de dévouement mutuels qu'engendrent les dangers
communs.

Ceux-là seuls qui ont ainsi, pendant quatre mois entiers,
couché côte à côte sur la même planche et mangé à la même
gamelle ; qui, durant les nuits d'alerte, dans la neige ou dans
la boue, se sont serrés l'un contre l'autre quand les obus éclataient à leurs pieds, et que de toutes parts menaçait la mort,
peuvent comprendre ce qu'il y a au fond des cœurs les plus

[1] Vers le milieu de décembre, la ferme Juster, où était le poste avancé
du 4ᵉ bataillon, fut bombardée avec fureur. Momentanément évacuée, puis
blindée par les soins du brave capitaine Poutot, elle reçut jusqu'à la fin une
section de grand'gardes.

rudes d'affection solide et de dévouement réciproque. Que de saintes et fortes amitiés ont germé dans ces heures graves où chacun cherchait dans son voisin le confident de quelque espérance vacillante, le consolateur de quelque secrète douleur ! Ne pouvant être conduit partout, le lecteur nous saura gré de visiter le fort des Barres, où le 4e bataillon de la Haute-Saône tient garnison.

Vue du dehors, cette partie de la fortification, construite sous la direction de M. Denfert, ne présente aux regards qu'un amas informe de terre, puis çà et là d'étroites embrasures où les canons montrent leurs gueules de bronze. Mais sous ces parapets s'étendent en tous sens de vastes casemates propres à abriter près de 2,000 hommes. Parmi ces casemates, les unes plus profondes, longeant les fossés et s'ouvrant au dehors par des meurtrières, laissent suinter par le dégel l'eau qui filtre dans la terre ; au moment des froids, cette eau se fige en stalactites de glace, et force les soldats à dresser les tentes comme en plein air. Les autres, longues et spacieuses, perpendiculaires à celles-là, contiennent à elles seules tout un bataillon. Orientées du côté de la ville et recevant la lumière par des portes vitrées, elles ont dû être calfeutrées même de ce côté, et blindées fortement contre les coups qui, de Pérouse ou les Perches, les auraient rendues intenables. Au sud, elles sont défendues par un immense cavalier qui partage le fort en deux parties, et qui reçoit dans son flanc la plupart des projectiles lancés par la batterie de Danjoutin.

Une de ces casemates servait de logement aux officiers du 4ᵉ bataillon. C'est là que nous introduirons le lecteur.

Nous entrons sous une voûte humide et sombre. Au premier instant le regard, qui a subitement passé de la lumière dans la nuit, ne saurait rien distinguer à travers l'obscurité profonde. Il vous arrive au visage des bouffées d'un air chaud et lourd, chargé de fumée et de vapeur. C'est l'atmosphère habituelle de cette prison souterraine. L'air se renouvelant par les basses casemates qui donnent sur les fossés, celles qui sont de plain-pied avec le sol reçoivent les chaudes effluves des cuisines ; elles se chargent de l'humidité des voûtes, et imprègnent comme d'un brouillard les objets qu'elles enveloppent. Mais l'œil s'est peu à peu habitué aux ténèbres ; il distingue une voûte à plein cintre d'environ quatre mètres de haut, six de large, et s'allongeant perpendiculairement au fossé du rempart vers un escalier qui conduit au bas de l'escarpe, percée de meurtrières. A droite et à gauche, serrés étroitement l'un contre l'autre, nous apercevons les lits des officiers. La plupart sont élémentaires et se composent d'une simple planche avec une paillasse improvisée et une couverture de campement. Quelques-uns, les sybarites, ont pu trouver des draps jadis blancs, et des matelas loués à prix d'or.

Entre les lits, montée sur des tréteaux boiteux s'allonge une planche de sapin arrachée à quelque construction du fort, table de travail qui reçoit deux fois par jour une nappe, toujours la même, et la maigre pitance, invariablement composée de riz à l'eau, de pommes de terre gelées, de lard, quelquefois de ce bœuf problématique qui défie les dents les plus résistantes. Sur cette table brûlent, non pas des bougies dont la provision est épuisée depuis longtemps, mais des chandelles faites au jour le jour avec la graisse (?) du bétail abattu, ou mieux encore le stock immense de cierges que l'indifférence des fidèles a depuis de longues années laissé moisir chez les épiciers de la ville. La casemate ressemble à un catafalque, et l'on cherche instinctivement dans l'ombre la classique tête de mort avec les tibias croisés qui l'encadrent.

Dans ce tombeau règne l'animation la plus étrange et la plus pittoresque qu'on puisse rêver. Les réflexions les plus graves, les conversations les plus sérieuses s'y mêlent aux éclats de rire des désœuvrés, aux exclamations des joueurs, aux refrains patriotiques ou tendres qui rappellent des temps meilleurs. Ici l'on se pâme et l'on jubile ; c'est un article du journal *le Siége* qui défraie les conversations et fournit matière aux plus joyeuses plaisanteries (1). Plus loin, les adorateurs de la bête hombrée se livrent aux émotions d'une partie échevelée, et perdent de quoi améliorer l'ordinaire du jour. Car l'argent du jeu y est *sujet à la pince,* et la galerie enregistre les gains au profit de la communauté entière. Plus loin, quelques zélés, la tête entre les

[1] Ce fut notre seule lecture durant le siége. Rédigée avec une naïveté primitive, cette honnête feuille avait le mérite de nous dérider souvent. Quelques numéros en parvinrent aux Prussiens ; il paraît que les officiers de Treskow s'en firent des gorges chaudes, et l'attribuèrent aux officiers de la garnison. Après l'assaut des Perches, l'auteur crut devoir détromper nos prisonniers.

mains, se plongent dans l'école de bataillon ou dans le service des armées en campagne. Chacun devient tour à tour professeur et élève ; tout à l'heure, le commandant nous appellera à sa barre, et tandis qu'au dehors le bombardement fera rage, il faudra, comme un écolier, expliquer sans broncher d'un mot les mystères de la contre-marche ou du service des grand'gardes. Ici quelque esprit rêveur s'absorbe dans l'histoire de notre glorieuse Révolution, et relit pour la vingtième fois, dans Erckmann-Chatrian, le siége de Mayence, dans Thiers, les exploits de Masséna à Gênes. C'est l'idéal que sans cesse il se propose dans la lutte ; l'œil brillant d'enthousiasme, il raconte à ses camarades comment nos pères ont su combattre, et fait entre leurs efforts et les nôtres des comparaisons jalouses.

De temps en temps un officier se détache de ces groupes, agrafe silencieusement son sabre, puis promenant un long regard sur ces amis qu'il voit peut-être pour la dernière fois, s'apprête à faire sa ronde au fort. Souvent un ordre supérieur, des coups de feu entendus au loin, une attaque probable ou une fausse alerte mettent tout le monde sur pied ; l'un quitte la phrase commencée, sans songer qu'il ne l'achèvera pas tout à l'heure ; l'autre s'arrête pensif au milieu de son refrain, et ils courent hâter les apprêts de leurs hommes. Les troupes en silence garnissent le rempart ; une heure se passe, le bruit s'apaise, et l'on rentre crotté et transi, de plus en plus confiant dans la clémence du sort ; celui-ci raconte gaiement qu'un obus, éclaté à ses pieds, l'a outrageusement couvert de boue ; celui-là, tombé dans un trou de bombe, vante les effets d'un bain froid en décembre ; cet autre, moins heureux, rage d'une entorse qu'il a gagnée en portant des ordres dans le fort. Pendant que l'on rit, que l'on fait des mots, et qu'avec l'eau-de-vie de la manutention on essaie de faire flamber un punch consolateur, une bombe éclate à la porte de la casemate ; la pièce de 24 placée au-dessus de nos têtes ébranle la voûte, et sur le dos d'un *grand flandrin de vicomte* fait choir une vingtaine de sacs à terre qui servaient de blindage ; il en émerge comme un diable d'opéra-comique qui sort de sa trappe. L'hilarité redouble : n'était une plaie contuse à la racine du nez, on serait tenté de le féliciter de l'aventure ; n'a-t-il pas d'ailleurs une blessure à montrer à ses descendants ?

Parfois la casemate prend un air de fête ; aux heures des repas, quelques bouteilles d'un vin généreux, extraites à grands frais des caves où la prévoyante spéculation des hôteliers les a entassées avant le siége, complètent la ration que l'intendance nous attribue chaque jour. On double le nombre réglementaire de cierges et de chandelles. Il s'agit de célébrer la promotion de quelque heureux camarade.

Dans ce bataillon privilégié, il se passe rarement une semaine sans que de flatteuses distinctions viennent honorer un de ses membres et stimuler l'émulation générale. Avec cette mobilité toute française qui, dans un clin d'œil, remplace, sur les visages, les sombres préoccupations et les soucis attristants par une expression de gaieté et de joie communicative, on oublie un instant les malheurs du présent et les craintes de l'avenir. Etre gai, cela s'appelle, sous la constante menace de la mort, *se trouver content d'être au monde.* Chacun à sa manière s'applique à pratiquer la méthode de Mme Scarron : « remplacer par l'esprit et le rire le plat qui fait défaut. » Et lorsqu'à la fin du repas les regards étincellent et que les conversations s'animent, tandis qu'à notre porte éclate l'effroyable retentissement des obus et des bombes, la voix du commandant nous récite quelque page attendrissante de Musset ou les strophes enflammées de la *Némésis* de Barthélemy. Un camarade aimé, sous la voûte sonore, redit les doux refrains de la patrie absente, et l'enchantement de la suave mélodie nous transporte rêveurs au foyer si riant naguère, aujourd'hui attristé par tant de désastres, vide de ceux qui en faisaient l'ornement. Des larmes furtives sèchent au bord des paupières, et du fond de cette allégresse factice s'élève la poignante amertume des maux que l'on endure, des deuils que l'on redoute.

Car, en dépit de ses expansions bruyantes, cette gaieté recouvre la tristesse. L'image de tant d'êtres chéris dont la guerre nous sépare vient invinciblement glacer sur nos lèvres le rire, et nous ramener d'un brusque mouvement vers les pensées sérieuses. A ces anniversaires de Noël et du jour de l'An qui nous rappellent les joies les plus pures de la vie de famille, on se prend à songer que l'étranger foule le sol de nos demeures, s'assied à notre table, s'endort dans notre lit, porte la main sur nos plus chers souvenirs, sur ces livres où s'absorbait notre pensée, sur ces toiles ébauchées qui bientôt peut-être seront des reliques, sur ce clavier où s'abandonnait notre rêverie aux inspirations de Mozart et de Mendelssohn. Que sont devenus les vieux parents laissés au foyer désert? Depuis deux mois entiers, isolés du monde, nous attendons chaque jour quelque nouvelle consolante, ou nous redoutons quelque affreux malheur. Nous ne pensions guère alors que de toutes les souffrances la plus poignante peut-être, pour ces vieillards, était de nous savoir environnés des menaces de la mort, d'entendre retentir jusqu'à leurs oreilles le formidable tonnerre de notre résistance. Nous ne pensions guère que chacun de ces cinq cent mille coups de canon tirés à Belfort (1) trouverait un écho douloureux au cœur de nos mères, et nuit et jour évoquerait l'image de leurs fils mutilés et sanglants.

Et la patrie, que l'envahisseur foule aux pieds de ses chevaux, cette France meurtrie et expirante, pour laquelle nous souffrons et combattons, s'est-elle relevée enfin, comme jadis à la voix de Jeanne d'Arc elle s'est redressée contre l'Angleterre? De trompeuses dépêches fabriquées par l'ennemi lui-même traversent de temps en temps les lignes, raniment les âmes à la nouvelle de quelque succès extraordinaire, et trouvées fausses

[1] Six mille projectiles de toute nature tombaient en moyenne chaque jour sur Belfort et ses abords, et cela pendant deux mois et demi sans interruption. Le bombardement de Strasbourg et celui de Paris étaient des jeux auprès de celui-là.

le lendemain, ne laissent plus qu'un découragement profond.

Il ne faut rien moins que l'ardent patriotisme des officiers pour réagir contre ces influences énervantes ; et puisque, somme toute, il vaut toujours mieux rire de son malheur que d'en pleurer, on finit par transformer en amères plaisanteries les expressions officielles sans cesse répétées de *retraite en bon ordre* et de *coucher sur ses positions*. Comme les passagers d'un navire perdu sur l'Océan, nous nous habituons à ne plus voir que le ciel immense et la mer sans rivages, n'attendant que de nous-mêmes, de notre énergie et de notre audacieuse confiance la fin de nos épreuves.

Tout autour de nous la misère va grandissant chaque jour. La provision de paille s'est trouvée épuisée dès les premiers moments du siége ; les obus ennemis ont brûlé le peu qui restait encore. Dans les casemates, qui suintent l'eau par toutes les pierres, le couchage des hommes s'est transformé en fumier (1). Les vêtements usés s'en vont par lambeaux ; les chaussures, brûlées par la neige, n'abritent plus des pieds endoloris ; le blanchissage du linge est devenu presque impossible. On couche tout habillé, et les plus délicats désapprennent jusqu'aux soins élémentaires donnés jadis à leur personne.

---

[1] « L'état sanitaire du corps devient de plus en plus mauvais ; 250 hommes aux hôpitaux, autant de malades dans les abris et à l'infirmerie, c'est une moyenne de plus de 20 p. 0/0. Une double épidémie de variole et de fièvre typhoïde a contribué à développer nos pertes dans une assez notable proportion, et cependant nous sommes relativement moins maltraités que les autres corps. » [Note communiquée par M. le colonel Fournier, du 57ᵉ provisoire.]

Le conseil d'administration s'épuisait en efforts surhumains, et essayait d'apporter un remède à tant de terribles souffrances. Tous les magasins furent retournés de fond en comble ; vestes, capotes, pantalons, chaussures, on attrappe ce qu'on peut pour parer à cette sublime misère (1). Des quantités considérables de drap, appartenant au département du Haut-Rhin, étaient entassées à la préfecture. M. le préfet Grosjean les distribue à la garnison. Dans une casemate des Barres s'installe un atelier de tailleurs ; un autre est établi à la porte de Brisach. M. le capitaine Trousson en est l'âme. Avec un dévouement sans limite, il parcourt la ville en tous sens, pénètre chez les marchands de gré ou de force, presse, supplie, importune tout le monde, et finit par pourvoir aux nécessités les plus impérieuses.

Et cependant, ces pauvres en haillons, ces soldats déguenillés et misérables trouvaient moyen de secourir de plus misérables qu'eux. Dans les caveaux de l'église et les caves de l'hôtel de ville étaient entassées pêle-mêle des familles d'ouvriers, trop pauvres pour quitter la ville à la veille du siége, privées depuis

______

[1] « Au 57e provisoire, non compris le 4e bataillon de la Haute-Saône, 827 hommes n'avaient plus de pantalons ; 524 n'ont que des vareuses en lambeaux ; 562 n'ont plus de képis, 403 manquent de souliers, 292 de guêtres. Je viens de frapper à toutes les portes pour obtenir ce qui sera possible. Le 45e m'a donné 200 pantalons et quelques effets d'équipement ; le préfet du Haut-Rhin m'a promis 500 pantalons, et l'Administration va nous donner des sacs en toiles pour confectionner des guêtres. Ces ressources épuisées, il ne reste plus rien. » [Note communiquée par M. le colonel Fournier.]

lors de tout travail et de tout moyen de subsistance. Le bombardement les avait chassées de leurs mansardes et de leurs galetas ; elles s'étaient engouffrées sous ces voûtes malsaines avec la persuasion qu'elles y entraient pour quelques jours. Mais depuis un mois entier les obus éclataient sur leurs têtes, traversaient la toiture de l'église, frappaient l'autel, brisaient l'orgue et mutilaient le clocher, menaçant d'ensevelir sous les décombres du monument ceux qui l'avaient choisi pour asile. Immobiles de terreur, torturés par la faim, respirant à peine dans un air méphitique, mourants et vivants étendus côte à côte, ces malheureux attendaient que la charité du préfet ou du maire leur jetât un morceau de pain (1).

Devant cet abîme de misère, la garnison offrit un sublime et touchant spectacle : l'exemple partit du 4ᵉ bataillon de la Haute-Saône, et fut bientôt imité par toutes les troupes de la place. Une quête organisée parmi les officiers et les soldats à l'occasion de la fête de Noël avait produit dans le bataillon une somme considérable (2). Chaque jour les compagnies pré-

[1] S'il suffit de souffrir pour être héroïque, certes nous ne connaissons point d'héroïsme au-dessus de celui-là. Qu'on suppose Belfort assiégé aux débuts de la guerre au lieu de l'être à la fin, il n'est point de dithyrambes officiels ou autres que n'eût inspirés sa résistance. On peut affirmer sans témérité qu'au point de vue du courage passif, la ville de Belfort a, dans cette guerre, tenu le premier rang.

[2] Plus de 500 fr.; cette munificence est d'autant plus extraordinaire que depuis deux mois les officiers étaient réduits à leur solde; en ce moment même le numéraire avait disparu de la circulation, et l'on payait les troupes avec des bons fiduciaires. Les officiers allaient ne plus être payés du tout. Il n'existait dans les caisses de l'Etat que des billets de 1,000 fr., qui ont perdu jusqu'à 6 p. 0/0 de change. Après nous avoir soutiré jusqu'à la

levèrent sur leurs vivres la part des pauvres, et, par une sorte d'émulation jalouse, c'était à qui se priverait davantage. On offrit au soldat du tabac en échange de son pain ; il accepta une première fois ; mais quand il sut qu'on entendait payer sa charité, il refusa (1). Ce fraternel partage du soldat pauvre avec le citoyen misérable continua jusqu'aux derniers jours de la lutte. Pour le philosophe qui, en face des ruines et des deuils accumulés par la guerre, croit voir s'évanouir la loi suprême de bonté et de compassion mutuelles inscrite au fond de nos cœurs, ce trait ne sera pas le moins honorable de ceux qui distinguent la garnison de Belfort.

dernière pièce d'or, les commerçants de la ville nous vendaient cet or à des taux scandaleux. Il ne tardait pas à rentrer dans leurs coffres en échange de tous les fonds de boutique, qui se payaient dix fois leur valeur. Si les troupes sympathisaient avec le malheur du pauvre, en revanche elles exécraient la rapacité des riches ; les Prussiens pouvaient bombarder à l'aise : nous soldions les dégâts.

[1] Quelques courtisans maladroits de M. le préfet Grosjean trouvèrent moyen de transformer officiellement cet acte, si grand dans sa simplicité, du 4ᵉ bataillon, en une sorte de trafic dont la popularité de M. le préfet recueillait tout le prix. Nous avons le regret de déclarer qu'en dépit de nos protestations nous ne pûmes obtenir de rétablir les faits dans leur véritable jour. Le journal *le Siége*, qui prenait les ordres de la préfecture, fut à cet égard absolument intraitable. Voici comment *le Siége* rendit compte [nᵒ 20] de la charité du 4ᵉ bataillon : « Il y a quelques jours, M. J. Grosjean, préfet du Haut-Rhin, en passant dans la rue, saisit ce lambeau de conversation entre deux officiers : « Au fort des Barres, nos soldats jettent tous les jours une grande quantité de « pain qu'ils ont de trop. » M. Grosjean s'approcha de l'officier qui parlait, et le pria de faire recueillir ce superflu d'aliments par les soins des sergents-majors, en ajoutant qu'il en ferait l'acquisition pour son compte personnel. » Ce mensonge serait simplement grotesque, si les insinuations qu'il renferme n'étaient odieuses. Une rectification indignée, signée par M. le commandant Chabaud lui-même, fut refusée par le journal calomniateur ; il importait avant tout que M. le préfet bénéficiât seul de la charité des troupes. Flatteurs de cour, intrigants d'élections, mendiants de popularité, où ne trouvez-vous pas à glaner ?

Un instant on avait pu espérer dans la population civile que l'intervention suisse obtiendrait du gouverneur, comme du général Treskow, la sortie des vieillards, des femmes et des enfants. Le 17 décembre, un parlementaire prussien apporta pour le colonel Denfert une lettre du président de la Confédération helvétique, afin de provoquer une mesure que commandait au colonel Denfert l'intérêt de la défense, à l'armée assiégeante celui de l'humanité. Le colonel Denfert, qui dans la personne de tout parlementaire flairait un espion, n'accéda qu'à contre-cœur à la généreuse démarche de nos voisins. Il craignait que l'échange d'explications qu'allait provoquer cette mesure n'introduisît trop fréquemment l'ennemi dans la place ; il ne voulait pas, disait-il, mettre à nu l'une de nos plaies, comme si l'ennemi ne la supposait pas plus vive qu'elle ne l'était réellement. Il redoutait surtout que, parmi ces bouches inutiles, il s'en trouvât d'indiscrètes ou de coupables pour livrer à l'ennemi quelques renseignements funestes à la défense. Ne pouvant décemment refuser le bienfait qu'on offrait à la population civile, il répondit aux démarches prussiennes avec une raideur telle qu'il les. fit avorter sans remède. Si, sans nous laisser éblouir par l'éclat de stoïque fermeté et d'incorruptible vertu que cet acte jette sur la personnalité de M. Denfert aux yeux des enthousiastes, nous nous demandons froidement compte des motifs qui l'ont dicté et des conséquences qui l'ont suivi, il nous est impossible de ne pas le condamner hautement, en vertu des lois de l'humanité, et bien plus encore des lois de la logique.

M. le colonel Denfert, qu'abusaient jusqu'à ce jour les hésitations du plan de M. de Moltke, s'était fait à lui-même des premières semaines de sa défense une image flatteuse, à la vérité, mais où la tournure des événements dépendait singulièrement de sa sagacité personnelle et fort peu de la marche générale des choses. Il en avait conçu une confiance téméraire, qui de l'inaction de l'ennemi concluait à son impuissance.

Si nous ajoutons que la démarche des Suisses se produisit au moment même où les modifications apportées au plan d'attaque se manifestaient du côté de l'ennemi par des lenteurs et des incertitudes apparentes, l'assurance de M. Denfert paraît ne pas manquer d'un certain fondement. Il en vint à oublier qu'une place assiégée, quelque redoutable qu'elle soit, se trouve toujours vis-à-vis de l'assiégeant dans une condition inférieure. A moins d'avoir obtenu quelque succès éclatant, elle heurte mille occasions de recevoir des faveurs pour une seule d'en donner. M. Denfert refusa donc de s'aboucher directement avec l'état-major prussien afin de traiter de la sortie des personnes inoffensives. Treskow, à qui rien ne fut demandé, agit comme tout autre eût fait à sa place : il se dispensa de rien accorder. « Il fallait donc se résigner à souffrir, disent les capitaines Thiers et de la Laurencie, et en faire retomber la malédiction sur l'ennemi seul. »

Cette conclusion, qui fait honneur à leur patriotisme, ne prouve pas pour leur logique. Les Prussiens avaient, par avance, accédé à la demande des Suisses en nous la transmettant par parlementaire; il était naturel que M. Denfert entrât en négociations avec eux. Il ne le fit point, parce que, disait-il, « être implacable vis-à-vis de l'ennemi tant qu'il est debout et en armes sur notre territoire, ne lui demander aucune grâce quelconque et n'en accepter aucune de lui, » telle devait être notre conduite. Envoyer un parlementaire pour obtenir que les plus poignantes des misères, endurées sans profit pour la défense de la place, rencontrassent leur terme, c'était, dit-il encore, « commettre un acte de faiblesse contraire à son devoir. » La population de Belfort en a jugé autrement.

L'heure n'était pas éloignée où cette fierté allait recevoir de cruelles atteintes. Les inspirations véritablement militaires succédaient, dans les projets de l'ennemi, aux puérils procédés de destruction et d'incendie. Belfort lui apparut comme un digne adversaire; il lui fit l'honneur de le combattre à armes égales. Dès ce jour le sort de la place est fixé : le moment de sa chute n'est plus qu'une question d'ingénieurs. L'attaque nouvelle se dessina par des batteries installées dans le ravin de Bavilliers et dans le bois du Bosmont. Elle devint évidente par la prise de Danjoutin.

Quoique notre avis soit, en matière stratégique, d'un faible poids, quoiqu'il y ait témérité de contester l'autorité de l'Ecole polytechnique dans la personne de MM. Denfert, Thiers et de la Laurencie, nous nous permettons d'émettre, sur le siége de Belfort et les opérations qui en ont marqué les phases, une opinion fort différente de la leur. Affranchi de toute préoccupation personnelle, nous aurons sur eux le mérite de juger sans parti pris ; par là nous rencontrerons peut-être la bonne fortune de ranger à notre opinion quelques-uns de ceux qui, refusant de se payer de mots, cherchent dans l'histoire de la campagne de 1870 des enseignements et non des consolations.

Le siége de Belfort se divise, au point de vue militaire, en trois périodes distinctes : la première, de l'investissement pur et simple, qui finit avec les combats du 23 et du 24 novembre, et qui fut marquée du côté de l'ennemi par une inaction absolue. Durant la seconde période, il construit les tranchées d'Essert, et après y avoir installé une douzaine de pièces, portées bientôt à vingt, bombarde la ville avec les ouvrages de la rive droite de la Savoureuse. Quoi qu'en dise M. le capitaine du génie Thiers, et quelque ardeur qu'il apporte à soutenir cette thèse, il n'a jamais été question, dans l'état-major de Treskow, ni du siége de Bellevue ni de celui des Barres.

Du 3 au 20 décembre, les batteries d'Essert, s'engageant dans une lutte inégale et téméraire, entreprirent de forcer la reddition par le procédé qui leur avait en peu de jours livré Neuf-Brisach, Schlestadt, Thionville, et tant d'autres places fortes. Les coups destinés au Château et aux fortifications de la rive droite répondaient au feu meurtrier de ces ouvrages, et cherchaient, mais en vain, à l'éteindre. M. Thiers ne saurait ignorer qu'au point de vue militaire l'artillerie, réduite à ses propres ressources, est insuffisante pour amener la reddition d'une place forte. Il faut y joindre les cheminements progressifs, qui permettent à l'ennemi de se rapprocher à couvert et d'installer à courte distance des batteries de brèche.

Rien de tout cela n'a été pratiqué ni contre Bellevue ni contre les Barres. Car l'existence d'une seconde parallèle sous la redoute de Bellevue est si peu démontrée que M. Thiers, après en avoir parlé avec emphase, est forcé d'avouer (p. 264) qu'il y avait là un bout de tranchée inoccupé le jour, destiné à recevoir pendant la nuit des sentinelles avancées (1). Que M. Thiers ait intérêt à transformer en siége régulier l'attaque toute d'artillerie que sa redoute eut à subir, nous le concevons sans peine. Mais affirmer que ce siége fut rendu impossible par les efforts héroïques de la défense sur ce point, c'est supposer chez l'ennemi une incapacité et une faiblesse dont il ne nous a jamais donné de preuves. C'est enfin compter prodigieusement sur la naïveté du lecteur (2).

Le bon sens sur ce point est d'accord avec les déclarations de l'état-major prussien : Bellevue eut sa large part du bom-

---

[1] Il s'agit toujours de cette fameuse parallèle qui motiva le licenciement des éclaireurs du 57e et la bruyante démonstration du 20 décembre; parallèle introuvable pour M. Journet pendant l'affaire de Froideval, introuvable en effet, parce qu'elle n'a jamais existé que dans l'imagination complaisante de M. Thiers.

[2] MM. Thiers et de la Laurencie ont moins écrit l'histoire du siége de Belfort que le récit de leurs faits et gestes dans Bellevue et au Château. Je dirais même, sans crainte d'être démenti, que le château y est sacrifié à la redoute de Bellevue. Le bouillant capitaine Thiers a écrit un plaidoyer *pro domo suâ*. Dans l'ensemble du tableau, la forteresse entière fait ombre aux exploits de Bellevue; c'est à peine si nous apprenons qu'il a existé un fort qu'on nomme les Barres, et des redoutes assez éprouvées du reste et passablement défendues qu'on nomme les Perches.

bardement, mais jamais on n'en essaya le siége. La remarque
que Bellevue constituait pour le Château et les Perches une
formidable menace ne soutient pas un instant l'examen, les
Perches et le Château étant pour Bellevue une menace bien
autrement sérieuse. Les Prussiens, non pas par faiblesse ni par
sottise, mais avec une intelligence très-nette de la situation,
abandonnèrent le projet d'incendier la ville, et prenant en effet
le taureau par les cornes (1), se décidèrent à l'attaque des
Perches. Ce fut la troisième période du siége, celle du
siége savant et méthodique. Un événement considérable,
l'approche d'une armée de secours, devait en prolonger la
durée jusqu'à ce qu'enfin, débarrassé de toute préoccupation
extérieure, le plan des Prussiens pût recevoir son développement complet et régulier.

La position des Perches est formée de deux collines élevées
de quatre cents mètres au-dessus du niveau de la mer, et
dominant le Château au sud et au sud-est. La ligne de Paris les
contourne brusquement au sortir de la gare, tandis que la
Savoureuse en baigne la base. Les Hautes-Perches s'abaissent
en pente douce sur le village de Pérouse et la route d'Altkirch.
Les Basses-Perches, que longe le remblai du chemin de fer,
s'inclinent au contraire brusquement vers le bois du Bosmont,
et ne découvrent, à distance rapprochée, qu'une faible étendue.
Depuis longtemps le comité de défense des places avait entrevu

[1] Expression de MM. Thiers et de la Laurencie.

la nécessité de fortifier ces hauteurs, qui constituaient pour l'ensemble de la place une position dominante. Mais au moment de la déclaration de guerre, il n'existait encore que des plans et des projets. Ce fut le grand mérite du colonel Denfert d'avoir poussé alors à la construction de deux redoutes provisoires, et quand elles furent ébauchées, d'avoir demandé envers et contre tous qu'on les occupât. Il fut dans ce dessein admirablement secondé par l'abnégation de la garnison et l'ardeur infatigable qu'elle apporta aux travaux. L'artillerie mobile de la Haute-Garonne en particulier employa tout le mois d'octobre à mettre les Basses-Perches en état de défense, et y improvisa des travaux qui firent l'admiration du génie prussien (1).

Quand l'ennemi commença l'investissement de la place, c'est de ce côté qu'on s'attendait aux plus grands efforts de sa part. Le colonel Denfert fit occuper les villages de Pérouse et de Danjoutin, dont la possession était indispensable pour commencer l'attaque des Perches. Mais après la perte du Bosmont et de Froideval, le village de Danjoutin, complétement débordé à l'ouest, ne communiquait avec la place que par le

---

[1] « Les nouveaux forts des Perches et de la Ferme, inachevés au début de l'investissement, car ils n'ont été commencés qu'en juillet 1870, tous ces fossés taillés dans le roc, ces ouvrages pourvus de casemates spacieuses à l'épreuve de la bombe, de chemins couverts et de poudrières, sont les travaux remarquables et de longue haleine qui marquèrent le temps de l'investissement. En outre, le colonel Denfert a trouvé le moyen et le temps d'occuper tous les villages de la zone environnante, de les fortifier, d'élever des retranchements, avec un nombre incalculable de fossés, de batteries et d'abatis pour arrêter notre marche. » [WINTERFELD, *Histoire de la Guerre de 1870*, page 474.]

chemin du Fourneau. La route de Montbéliard, après avoir longé la Savoureuse, se recourbe légèrement à la hauteur de Bavilliers ; par le bois qu'elle avoisine, elle restait à l'entière discrétion de l'ennemi, qui se plaçait ainsi entre le village et la gare. Du côté des Perches, entre la hauteur et la Savoureuse, dans un espace de moins de cinq cents mètres, se croisent la ligne ferrée, le chemin de la ville et ses bifurcations sur Meroux, Andelnans et les Perches. Ce dernier sentier passe au niveau du chemin de fer, et va tomber à l'est des Hautes-Perches sur le chemin vicinal de Vezelois aboutissant à la porte de Brisach. On pouvait craindre que l'ennemi, en rampant le long du remblai du chemin de fer, ne se jetât inopinément sur le poste du passage à niveau, et, défilé par la hauteur des Perches, ne vînt couper également les communications directes entre le Fourneau et la ville. Le village était ainsi tourné et enveloppé de toutes parts ; l'assaillant, mis à l'aise par le caractère de son attaque, se trouvait rassuré contre l'artillerie de la place, qui ne pouvait agir sans tirer sur nos troupes. L'opération fut tentée par l'ennemi et exécutée avec une rare audace dans la nuit du 8 janvier, sans que ni les Perches ni le poste du Moulin, situé entre le Fourneau et le village, eussent eu le temps de s'en apercevoir. Des deux compagnies de Saône-et-Loire qui gardaient le passage à niveau, l'une fut faite prisonnière ; l'autre réussit, par le flanc des Perches, à gagner le Fourneau, où elle apporta la nouvelle de l'attaque quand il était trop tard pour y porter remède. Bien lui eût pris de se rejeter sur Danjoutin, et, partageant le sort des 700 hommes que l'ennemi y cernait, de mourir ou de se rendre prisonnière.

La nouvelle de l'événement porta le trouble et la confusion dans l'état-major de la place. Une reconnaissance, conduite par le capitaine du génie Degombert, est assaillie par un feu meurtrier au passage à niveau que l'ennemi avait garni en force et dont il avait retourné les retranchements contre nous. Le capitaine Degombert tomba frappé à mort. Quelques compagnies du Rhône, conduites par le capitaine Gaubert, essayèrent d'aborder l'ennemi par le flanc des Perches ; une fusillade des plus énergiques les dispersa, ainsi que le feu d'une batterie de campagne installée sur la lisière du Bosmont (1). Ordre fut donné ensuite au 2e bataillon de la Haute-Saône, cantonné à Pérouse, de s'engager entre le Bosmont et les Perches, et d'essayer par cette attaque de flanc de dégager les troupes du Bosmont. Il sortait de ses cantonnements et s'avançait résolûment sous le feu d'une batterie de Vezelois qui fit quelques victimes, lorsqu'il reçut contre-ordre et rentra dans ses lignes. Pendant ce temps, le combat dans l'intérieur du village se poursuivait avec acharnement. Les éclaireurs du 65e, les compagnies de mobiles de Saône-et-Loire firent des prodiges de valeur, en essayant de briser l'étreinte de l'ennemi, qui les enveloppait de toutes parts. Ce fut en vain. A bout de forces et de munitions,

---

[1] L'imagination surexcitée des mobiles lyonnais transforma les feux de peloton en mitrailleuses, et MM. Thiers et de la Laurencie le répètent après eux.

ces braves gens rendirent les armes vers midi, et, au nombre de 600 environ, furent emmenés prisonniers ; une centaine étaient tombés sous le feu.

Comme bien on pense, un tel désastre ne vint pas frapper le gouverneur sans qu'il cherchât à en faire tomber la responsabilité sur quelque bataillon de mobiles. M. Gély, du 45e de ligne, qui commandait Danjoutin, ne pouvait pas s'être laissé aussi cruellement surprendre ; la mobile, qui jusqu'à ce jour avait été chargée de toutes les bévues et de toutes les fautes, était bonne pour répondre encore de celle-là. Si la sympathie particulière que l'auteur a toujours professée pour l'intelligent et courageux bataillon de Saône-et-Loire ne le disposait à laver sa réputation compromise, l'analogie que sa disgrâce présente avec celle du 57e provisoire lui en ferait une loi. Le hasard voulut que l'assaut insensé des Perches mît en notre pouvoir quelques officiers du régiment prussien qui fit l'attaque de Danjoutin. L'auteur eut l'occasion de les entretenir longuement à ce sujet, et ne tarda pas d'acquérir la conviction que l'échec de Danjoutin était pleinement imputable à la folle confiance de la place.

Il est un principe de stratégie consacré par la haute autorité de Napoléon Ier, recommandé d'ailleurs par les lois de la logique, et plus encore par cette prudence circonspecte qui, seule, au milieu des hasards de la guerre, garantit une sécurité relative : c'est de ne jamais adosser un corps de troupes à une seule ligne de retraite, de se garder toujours, pour le cas d'un revers, deux chances au moins d'échapper à un désastre possible. Après l'occupation des Grands-Bois, Danjoutin ne communiquait plus à la ville que par un seul chemin, encaissé entre une hauteur abrupte et une rivière infranchissable à gué. A moins de huit cents mètres de cette ligne de retraite unique, l'ennemi, se dérobant dans le bois du Bosmont, s'y concentrait à son aise, et en longeant le talus du chemin de fer, arrivait en cinq minutes, à la faveur de la nuit, sur les compagnies du passage à niveau. Pour qu'on eût quelque chance de repousser l'attaque, il faut supposer sur ce point non-seulement des troupes en nombre considérable (il y avait 120 hommes environ, dont moitié reposait dans les maisons, tandis que l'autre moitié faisait sentinelle), mais des retranchements solides, s'appuyant d'un côté au flanc des Perches, de l'autre aux maisons du village. M. Gély s'était borné à faire pratiquer une coupure dans la voie ferrée, précaution insuffisante avec un ennemi qui fait de la ligne courbe le chemin le plus court vers la victoire.

Nous le demandons à tout esprit réfléchi, et qui, par l'expérience pratique de la guerre, a su se mettre en défiance contre les plans combinés sur la carte, en dehors de l'appréciation matérielle des difficultés et des obstacles : Un poste de 120 hommes que l'ennemi peut appocher à moins de cent mètres sans être vu, est-il pour couvrir un village entier contre une surprise une défense suffisante ? Telles sont les données matérielles du problème. Il n'est personne qui ne réponde par la justification des soldats incriminés et la condamnation d'un état-major qui méconnaît ainsi les règles les plus élémentaires de son art. Le jugement que nous portons sur cette affaire est le jugement des Prussiens eux-mêmes, qui ont trouvé plus tard à leurs côtés, dans la prison de ville, deux des officiers de Saône-et-Loire, assez malheureux pour échapper au désastre de leur bataillon. L'auteur, qui se félicite de les avoir fait rendre alors à une liberté provisoire, est heureux de consoler aujourd'hui le bataillon entier par cette parole d'un de ses adversaires : « La défense de Danjoutin était aussi insensée après le 1er janvier que devait l'être notre assaut des Perches. Mais quand le chef se trompe, le soldat en porte la peine; si le soldat réussit, le chef en remporte l'honneur. »

M. Denfert reconnut implicitement sa faute en changeant le plan de défense de Pérouse; mais l'attaque de ce village, attendue depuis lors, et que la place ne pouvait empêcher, fut retardée par l'approche de l'armée de secours.

Le jour même de la perte de Danjoutin, un courrier apporte dans la place la consolante nouvelle. Et certes, dans l'état d'abattement où ce revers avait jeté la garnison, elle venait à propos. Il en est même plusieurs qui considéraient cette arrivée de Bourbaki, coïncidant avec le désastre subi la veille, comme une adroite invention destinée à raffermir nos âmes. Mais le lendemain, pareil au grondement éloigné du tonnerre ou au bruit de la mer qui se brise contre le rivage, le canon de Villersexel retentissait à nos oreilles. Bourbaki allait de quinze jours prolonger notre résistance ; qui n'eût espéré alors qu'il en amènerait la fin ?

CHAPITRE IV.

L'armée de Bourbaki. — Journées des 15, 16 et 17 janvier.

Après la désastreuse retraite de l'armée de la Loire et la reprise d'Orléans par l'ennemi, les troupes du général d'Aurelles de Paladines étaient coupées en deux tronçons qui, séparés par la Loire et par un intervalle considérable, ne pouvaient plus opérer de concert.

L'une des deux armées fut confiée au général Chanzy, qui prit la direction de Blois et de Tours pour y réorganiser ses corps et les compléter avec les renforts arrivés de l'Ouest. L'autre, placée par un décret du ministre de la guerre, à la date du 14 décembre, sous le commandement du général Bourbaki, se rallia dans le centre de la France autour de Nevers et de Bourges, pour s'y préparer à de nouveaux combats. Elle était formée des 15e, 18e, 20e corps, et comptait en tout de 90 à 100,000 hommes (1).

C'est pendant la visite de Gambetta au camp de Bourges que fut décidé, ou du moins arrêté, le mouvement dans

[1] Elle fut complétée plus tard par le 24e corps, formé à Lyon, la division Cremer et les troupes franches de Garibaldi qui opéraient dans le département de Saône-et-Loire.

l'Est de l'armée du général Bourbaki. A la fin de décembre, elle se trouva concentrée aux environs de Chagny, et le 2 janvier, dans un ordre du jour daté de Chalon-sur-Saône, le général Bourbaki avertissait les troupes qu'on allait, à longue distance, essayer de faire lever le siége de Paris.

L'objectif du mouvement était la place de Belfort avec l'Alsace, à peu près dégarnie de troupes. En reportant le théâtre des opérations sur l'extrême frontière, Bourbaki menaçait les communications essentielles de l'ennemi avec l'Allemagne. Il tentait, avec une audace que ne devait point favoriser le sort, la seule combinaison stratégique capable encore de changer l'issue de la campagne.

Pour qu'elle pût aboutir, deux conditions étaient indispensables : rapidité et précision dans les opérations, concours actif de toutes les armées françaises qui, en ce moment, soutenaient la lutte, et en particulier de l'armée de Paris, la plus favorisée et la plus formidable de toutes. On sait comment la mollesse et l'apathique inaction du gouverneur de Paris rassura les Prussiens au point de leur faire détacher vers l'Est le corps poméranien de Franzecky tout entier. En même temps arrivaient à marches forcées des champs de bataille du Nord les Silésiens de Zastrow ; l'élite de l'armée prussienne se précipitait sur les derrières de Bourbaki (1); il fallait se hâter, car Werder allait se trouver en face d'une force trois fois supérieure. Une offensive vigoureuse

[1] C'était en tout 56 bataillons et 20 escadrons, avec 168 pièces d'artillerie, qui allaient au secours de Werder.

de l'armée française, avec des troupes aguerries et rompues aux fatigues, promettait néanmoins des chances sérieuses de succès. Bourbaki avait assez d'avance pour écraser Werder, débloquer Belfort, et ne se retourner contre ses nouveaux adversaires qu'après avoir triomphé des premiers. Mais, en préjugeant ce résultat, il avait compté sans les rigueurs exceptionnelles de l'hiver, sans le mauvais état des chemins, sans la qualité douteuse d'une bonne partie des troupes que l'on mettait en ligne.

Le début des opérations fut favorable. Le général Werder, qui sut par ses éclaireurs qu'à la date du 26 décembre des troupes françaises, fortes de près de 7,000 hommes, avaient poussé de Besançon sur Oiselay et avaient envoyé des détachements jusqu'à Fretigney, sur la route de Pesmes, résolut, par une marche de flanc rapide, de se concentrer à Vesoul et d'y attendre notre attaque. La Saône couvrait cette opération presque sur tout son développement. Les cent seize kilomètres qui séparent Dijon de Vesoul furent franchis en trois jours, malgré la température éminemment défavorable ; la 4ᵉ division de réserve, qui depuis le siége de Neuf-Brisach, sous le commandement du général Schmeling, avait établi la communication du corps de Werder avec l'Alsace et les Vosges, quitta Gray le 27 décembre, et vint s'ajouter au 34,000 hommes de l'armée principale. Des renforts arrivés d'Allemagne et quelques bataillons de la division Treskow, audacieusement détachés du siége de Belfort, pouvaient porter l'armée de Werder à près de

50,000 hommes. Concentrée dans Vesoul, elle attendait anxieuse le choc d'une armée trois fois supérieure.

Mais tandis que le 18ᵉ et le 20ᵉ corps de l'armée de Bourbaki faisaient mine de converger vers la ville de Vesoul, et que la division Cremer, laissée en arrière, cherchait à rentrer en ligne à notre extrême gauche, le 15ᵉ et le 24ᵉ corps appuyaient à droite et semblaient vouloir prévenir Werder sous Belfort, en coupant ses communications avec cette ville.

Dans la journée du 5 janvier, quelques engagements avaient eu lieu entre l'ennemi et nos reconnaissances ; l'un au village de Levrecey, l'autre à Velle-le-Châtel. Le 6, les Prussiens dans Vesoul, et les Français, qui convergeaient vers cette ville, s'attendaient également à une bataille. A midi, soit que Bourbaki voulût gagner l'ennemi de vitesse, soit qu'il crût à son départ de Vesoul et à sa concentration vers Belfort, il abandonna le dessein primitivement formé, et tous les corps inclinèrent à l'est pour couper la route à l'ennemi, qui, disait-on, battait en retraite. Une division laissée à Mailley et à Rosey devait masquer ce mouvement. Le 6 janvier, le quartier général du 18ᵉ corps était établi au village de Pennesières, sur la route de Besançon ; le lendemain on resta immobile, tandis que l'ennemi, évacuant Vesoul, se hâtait d'assurer ses communications avec Belfort. Un escadron de nos dragons envoyé en reconnaissance le rencontra au village de Vellefaux, et perdit du monde. Le 8, le mouvement de flanc fut continué, et le quartier général du 18ᵉ corps transporté à Montbozon. Le quartier général de Bourbaki était à Rougemont, au centre des opérations. Tomber sur le flanc de l'armée de Werder, qui battait en retraite, la couper, si c'était possible, de ses communications avec Belfort, et l'acculer aux Vosges, telle parut être l'intention du général Bourbaki ; mais les lenteurs apportées à ce mouvement en avaient compromis le succès.

Le 9 janvier, l'intention de Bourbaki se dessina clairement par l'ordre d'occuper Villersexel, où l'ennemi n'était pas signalé encore, et de s'assurer du pont de l'Ognon. Mais cette fois encore la perspicacité de l'ennemi et cette rapidité de concentration que la discipline des troupes allemandes et leur aptitude pour la marche rendaient facile, prévinrent notre état-major trop circonspect.

Villersexel, situé sur la rive gauche de l'Ognon, et point de jonction de quatre grandes voies de communication, avait été évacué par l'ennemi à la date du 5 janvier, en vue de la concentration qui se faisait à Vesoul. Le 15e corps de l'armée française se massait alors sur la ligne du Doubs, entre Baume-les-Dames et l'Isle-sur-le-Doubs. Si Bourbaki s'avançait sur les flancs de l'armée prussienne en vertu d'un plan arrêté, on ne comprend pas aisément qu'une position aussi importante n'ait pas été occupée à cette date par des forces sérieuses. Ce ne fut que le dimanche 8 janvier qu'un escadron de lanciers y poussa une reconnaissance, et le trouva dégarni de troupes. Le soir même y arriva une avant-garde de 300 hommes qui barricada le pont, et provisoirement, sans ordre précis, occupa le village.

Werder, en ce moment, évacuait Vesoul ; de Moltke lui avait recommandé, comme instruction suprême, de gagner du temps, d'entraver la marche de Bourbaki de quelques jours, pour donner aux corps de Zastrow et de Franzecky le moyen d'arriver. Il n'hésita pas à prendre l'offensive. Le 9 janvier au matin, son armée apparut sur la rive droite de la rivière, et des pièces mises en batterie à la lisière des bois canonnèrent les postes français installés sur le pont. La 4e division de réserve, général Schmeling, détacha des compagnies d'infanterie qui passèrent l'Ognon sur une mince passerelle à l'ouest du bourg, ainsi que sur les écluses. La faible garnison du village, prise à revers, après une résistance des plus énergiques fut faite prisonnière ; le colonel Parent, des mobiles de la Corse, fut tué dans la lutte, avec un nombre assez considérable de francs-tireurs et de gardes mobiles.

Les Prussiens, après ce facile succès, pénétrèrent en masse dans Villersexel, occupant fortement le château qui domine la plaine, ainsi que les maisons qui bordent la route de Cuse. Un incident caractéristique signala l'occupation de Villersexel. En pénétrant dans les salles de la mairie, quelque *wehrmann*, en humeur de pillage, déterra dans une armoire le drapeau des pompiers, et je ne sais quel drapeau de garde nationale enfoui là depuis 1848. Ces drapeaux, apportés sur la place, devinrent l'objet d'une ovation enthousiaste ; le général Schmeling harangua les troupes, et des hourras frénétiques célébrèrent la conquête de ces lambeaux poudreux, image fidèle de la prise même de Villersexel. Naturellement les dépêches officielles de Berlin mentionnèrent deux aigles prises sur l'ennemi. Mais cette joie ne devait pas être de longue durée. Le 18e et le 20e corps de l'armée française, retardés depuis le matin par le mauvais état des chemins, apparaissent sur un front considérable, s'appuyant à gauche au village d'Esprels, à droite à ceux de Saint-Ferjeux et de Villargent.

Le 20e corps entre le premier en ligne. A trois heures de l'après-midi, ses batteries avaient réduit au silence les batteries prussiennes établies à l'Ermitage, et les forçaient en toute hâte à gagner la rive droite de l'Ognon. En revanche, des masses considérables d'infanterie s'entassaient dans Villersexel même, et se préparaient à en disputer vigoureusement la possession.

Pendant ce temps, l'aile gauche du 18e corps, sous le commandement du brave général Billot lui-même, rejetait la droite de l'armée prussienne dans les bois du Fougeret. La divison Pilatrie occupait Esprels et s'avançait sur Marast, cherchant à envelopper l'ennemi et à le culbuter sur le centre, sur Moimay, d'où des batteries nombreuses balayaient la plaine de la rive gauche et entravaient nos mouvements. La division Penhoat, par la route de Cuse, vint combiner ses efforts avec ceux du général Clinchant à droite. A cinq heures du soir, les troupes de l'amiral Penhoat pénétrèrent dans la ville et le parc de Villersexel, rejetant l'ennemi dans les parties basses, et lui disputant avec fureur le château de M. de Grammont, autour duquel se concentra l'effort principal. La nuit qui était tombée n'arrêta point le combat. Une partie des troupes de l'amiral repoussa les Prussiens du château et de ses abords, tandis que le reste de la division, emportant à la baïonnette toutes les maisons l'une après l'autre, finit par acculer l'ennemi au pont, et le menacer, dans sa ligne de retraite, vers la rive droite. Le 20e corps, en vue d'un rapide mouvement sur la gauche de l'ennemi et ses communications avec Héricourt, avait obliqué à droite, en laissant à l'amiral Penhoat le soin d'expulser définitivement les Prussiens de leurs redoutables positions de Villersexel. A deux heures du matin, ils étaient définitivement jetés dans l'Ognon, après que, dans leur retraite, ils eussent incendié le magnifique château de Grammont et quelques maisons de la ville. La victoire était pleine et entière : un nombre considérable de prisonniers tombait en notre pouvoir.

Mais la ténacité allemande et les lenteurs circonspectes de Bourbaki devaient faire tourner cette victoire de nos soldats au profit de la stratégie prussienne (1). L'arrière-garde de Werder se replia lentement, en conservant une attitude menaçante, jusque sur les hauteurs d'Aillevans, couvrant la route de Lure. Le gros des forces se dirigea par marches rapides vers Belfort, et occupa la ligne de Delle-Montbéliard-Ronchamp, pour s'y retrancher et y soutenir la lutte décisive. La victoire de

[1] Tous les rapports allemands s'accordent à dire que si Bourbaki, en même temps qu'il attaquait le gros de l'armée de Werder à Villersexel, s'était hâté de pousser le 15e corps par Besançon sur Montbéliard et Héricourt, la division Treskow continuant le siége et toutes les positions occupées du 10 au 15 janvier étaient compromises et perdues.

Villersexel devenait inutile ; l'avance que la droite de l'armée française avait conservée sur l'ennemi jusqu'alors se trouva perdue. Montbéliard et Héricourt, à peu près dégarnis depuis la concentration sur Vesoul, purent être occupés avant nous par l'ennemi, et le débloquement de Belfort, qui semblait la conséquence forcée de la bataille de Villersexel, était remis en question. Werder gagnait du temps ; dans les circonstances exceptionnelles où il se trouvait placé, gagner du temps c'était vaincre.

Le 18e corps resta immobile dans les positions conquises, tandis que le 15e, sans trop de peine, enlevait les villages d'Arcey et de Sainte-Marie, sur la route d'Héricourt à l'Isle-sur-le-Doubs et à Montbéliard. Le mouvement convergent vers Belfort ne fut repris dans son ensemble qu'à la date du 14 janvier. Le lendemain, les troupes de Bourbaki abordèrent la longue ligne de défense prussienne s'appuyant sur la gauche à Delle et à la frontière suisse, passant par Montbéliard, et se recourbant vers le nord par Héricourt jusqu'à Ronchamp et la route de Lure.

Avec 50,000 hommes à peine, Werder couvrait toutes les routes qui, à l'ouest, au sud-est et à l'est, aboutissaient à Belfort. Le gros de ses forces s'échelonnait depuis Montbéliard, à douze kilomètres au sud de la forteresse, jusqu'à Frahier, à sept kilomètres à l'est. Couverte sur son front par le ruisseau de la Lizaine, cette armée se déployait sur les coteaux du Mont-Vaudois qu'elle avait fortifiés, et où elle installait, avec son artillerie de campagne, un nombre considérable de pièces et de mortiers de siége empruntés aux batteries de Bavilliers et d'Essert. Quelque redoutables que fussent ces positions, la situation de Werder n'en demeurait pas moins une des plus critiques qui se rencontrent à la guerre. Obligé, avec une armée relativement faible en nombre, d'occuper une immense étendue, ayant à dos une forteresse redoutable et devant soi une armée numériquement très-supérieure, on se demande avec stupeur comment il échappa à un désastre qui paraît inévitable. Plus que le dénûment de l'armée de Bourbaki et sa qualité douteuse, l'admirable discipline prussienne et la ténacité de Werder l'expliquent : « Advienne que pourra ; chacun restera à son poste. » C'est l'ordre suprême qu'il donna à ses troupes la veille de la bataille, ordre qui résume ce système de défensive opiniâtre, où la confiance dans le succès final, peut-être aussi les craintes de l'avenir et la perspective de l'Allemagne envahie, maintinrent le courage de nos adversaires, malgré des flots de sang répandus.

Deux systèmes d'attaque se présentaient à Bourbaki : l'un qui consistait à aborder ensemble les trois points principaux des positions prussiennes, à les forcer de concert, et en rejetant l'ennemi à la fois de Montbéliard, d'Héricourt et de Frahier, à le culbuter en masse dans la direction de Belfort ; l'autre qui, en simulant l'offensive sur tous ces points, la prononçait énergiquement soit au centre, soit sur une des ailes, de manière à couper l'armée prussienne en deux, ou à la prendre à revers après l'avoir tournée par un de ses flancs. Le premier promettait un résultat plus considérable, et provoquait l'anéantissement complet de l'armée allemande; le second, plus pratique et plus sûr, pouvait forcer la retraite sans compromettre absolument son existence. Bourbaki, encouragé par les succès obtenus jusqu'alors, s'en tint au premier plan comme plus radical.

Le 15 janvier, il fit attaquer énergiquement, en les couvrant du feu de son artillerie, les centres stratégiques de Frahier, d'Héricourt et de Montbéliard. Cette première journée fut, avant tout, une lutte d'artillerie. Les deux cents pièces de l'armée de Bourbaki ouvrirent leur feu à la fois, et s'efforcèrent d'éteindre celui d'un nombre égal de pièces prussiennes. Malgré l'ardeur de nos canonniers et leur tir souvent meurtrier pour l'ennemi, on s'aperçut, le soir du 15, que tant d'efforts étaient dépensés à peu près en pure perte.

Le 16, la bataille recommença plus furieuse que la veille. A l'aile gauche, où combattaient le 18e corps et la division Cremer, le succès couronna nos efforts. Chenebier fut emporté par la division Penhoat, qui s'était couverte de gloire à Villersexel; vers la droite, Montbéliard resta en notre pouvoir, moins le château, où quelques compagies de landwehr réussirent à se maintenir. A l'extrême droite, Bressolles échouait contre les hauteurs de Sochaux et d'Exincourt. Au centre, la division Bonnet, du 18e corps, vint se briser contre le Mont-Vaudois et le village de Chagey, malgré d'héroïques efforts ; le 20e corps tout entier, après s'être emparé de quelques maisons d'Héricourt, fut également repoussé.

La journée, dans son ensemble, avait été heureuse pour nos armes. Chenebier emporté, Frahier évacué par l'ennemi, qui se retirait sur Echavannes et Châlonvillars, la route de Lure à Belfort semblait nous appartenir. Encore un effort sur ce point, et la droite de l'ennemi entièrement débordée se rabattait sur le centre ; Belfort était débloqué ; en tournant le Salbert, dont il ne se trouvait éloigné que de cinq à six kilomètres, le 18e corps donnait la main à la garnison et tombait sur les derrières de l'ennemi, forcé d'opérer sous le canon de la place une retraite désastreuse vers la rive gauche de la Savoureuse.

Moltke le comprit si bien que, dans la nuit du 16, arriva de Versailles, d'où l'on suivait avec anxiété toutes les péripéties de ce combat, l'ordre de reprendre, coûte que coûte, Chenebier et ses abords perdus la veille. A cinq heures du matin, des masses considérables d'infanterie prussienne et badoise s'élancèrent d'Echavannes. Leur brusque attaque surprit nos troupes dans leurs cantonnements, et causa un instant de désordre. Mais le combat, rétabli par la présence de l'amiral Penhoat et du général Billot, qui payèrent bravement de leurs personnes, tourna à la confusion des assaillants. Les positions conquises la veille furent glorieusement maintenues contre plusieurs retours offensifs de l'ennemi, dont les morts et les blessés jonchèrent la terre.

Le général Billot pouvait, sans présomption, concevoir l'espérance d'entrer vers midi dans Belfort. Il n'en devait pas être ainsi. L'attaque infructueuse de Chagey et d'Héricourt, le peu de succès obtenu à l'aile droite sur Etupes, contre-balancèrent dans l'esprit de Bourbaki et de son état-major la victoire remportée sur la gauche. Il savait d'ailleurs qu'à trois journées de marche, arrivant au secours de Werder, apparaissait l'avant-garde du 7e corps silésien, tandis que, dans la direction de Dijon, le 2e corps poméranien s'apprêtait à marcher sur Dole et à couper les communications avec Lyon et le reste de la France. Il se décida à la retraite. La journée du 17 janvier se passa en escarmouches d'artillerie et d'infanterie sans grande importance ; Chenebier fut évacué, et l'aube du 18 trouva l'armée tout entière en retraite vers Besançon.

La destinée de cette malheureuse armée est connue ; enveloppée au nord, au sud et à l'ouest par des forces égales en nombre, mais animées par l'ardeur de la victoire et l'espoir de mettre fin d'un seul coup à cette longue campagne, acculée contre la frontière suisse, elle n'eut plus d'autre alternative que de tomber entre les mains du vainqueur ou de chercher sur un territoire neutre, avec la conservation du matériel, une captivité bienveillante. C'est le parti auquel s'arrêta le général Clinchant, qui avait succédé à l'infortuné Bourbaki. Victime d'une destinée implacable, l'illustre général avait essayé d'échapper à la douleur de sa défaite par le suicide ; la Providence ne permit pas que cette tentative réussît ; elle conserva à la France un homme dont il est possible de discuter les combinaisons stratégiques, mais que la loyauté du caractère, le patriotisme et le dévouement le plus ardent justifieront dans l'histoire de cet épouvantable désastre (1).

Quel fut durant ces journées mémorables l'aspect de la ville et de la garnison de Belfort ? Qu'on se représente un navire perdu sur le vaste Océan. Depuis dix semaines entières il lutte contre la tempête, et cherche en vain à l'horizon si quelque voile amie ne viendra pas à son aide. Les vents ont brisé les mâts, les vagues ont arraché le gouvernail ; chaque jour la mort a passé dans les rangs de l'équipage. Les survivants, debout sur le pont et l'œil plongé dans l'immensité de l'abîme, au lieu du navire sauveur, voient s'avancer vers eux la grimaçante tête de mort qui se détache sur le fond noir du ciel. Depuis longtemps ils ont épuisé tous ces trésors d'espérance que Dieu met au cœur du malheureux ; certains de mourir, ils s'apprêtent du moins à succomber dignement, et semblent provoquer d'un air de défi l'univers entier armé contre eux. Tout à coup, à l'horizon, un pâle rayon perce le nuage ; il découvre au regard une ligne noire limitant les vagues grises : c'est la terre, c'est le salut. Les vents poussent le navire à la côte ; on distingue les monts bleuâtres et les prairies vertes ;

[1] Des documents d'une valeur considérable permettront à l'auteur de raconter tout au long cette malheureuse campagne, dont il ne donne ici qu'un abrégé.

quelques heures encore, et ces infortunés, qui ont désappris de vivre, renaitront à la joie, à la lumière, aux frémissements de l'âme et des sens. Mais un coup de vent soudain les repousse vers la haute mer; un voile de vapeur et de brouillards efface le rivage; le navire reprend sa course effrénée vers les mystérieux abimes, et aux regards des passagers reparait à l'horizon l'inévitable tête de mort qui leur fait signe et les attire.

Ainsi la garnison et la population de Belfort, depuis deux mois et demi séparées du monde, broyées depuis quarante jours par un bombardement sans exemple, ont cru toucher du doigt le salut et la délivrance. Pendant une semaine entière le canon français résonnait à nos oreilles, d'abord comme le grondement éloigné de l'orage, puis distinct et formidable, répercuté aux murs de la ville, se prolongeant d'échos en échos par les gorges et les vallées. Nous voyons luire à l'horizon les éclairs de la bataille; nous distinguons la fumée des bombes et des obus à balles qui éclatent sur Chagey et le Mont-Vaudois. Nous discernons à travers le roulement du canon le crépitement des feux de pelotons et de tirailleurs, les détonations stridentes des mitrailleuses. Puis tout à coup, dans la journée du 17, tous ces bruits vont s'affaiblissant de plus en plus; le nuage de fumée qui couvrait depuis deux jours l'horizon se lève, et chassé par le vent du sud-ouest, va se confondre avec les brouillards des Vosges. Le 18, tout est rentré dans le silence aux abords de la place; nous n'entendons plus que le tonnerre rapproché des batteries assiégeantes qui nous rappelle à la triste réalité, et douloureusement retentit dans nos âmes vides d'espoir.

Quelles alternatives de craintes et d'espérance ! Quelle explosion de joie le 15 au soir lorsque, des forts avancés de Bellevue et des Barres, nous apercevons les troupes ennemies en désordre se replier sur Châlonvillars ; lorsque des convois de munitions, des voitures d'ambulances, des cavaliers affairés et des fantassins en débandade défilent presque à portée de nos pièces de 24 ! Cent fois dans la journée on s'est porté aux remparts. Des stratégistes improvisés observent la ligne de fumée dont la bataille charge l'horizon ; avec anxiété ils analysent les bruits sourds ou distincts qui arrivent jusqu'à nous. Puis, le doigt sur la carte, on cherche à deviner les positions des nôtres, à présumer la ligne de retraite que suivra l'armée ennemie, à fixer le coteau et la route où nous verrons apparaître le pantalon garance. Quel est l'heureux officier de grand'garde qui, le premier, serrera la main de nos libérateurs ? Peut-être dans cette armée qui approche retrouverons-nous nos amis et nos frères ! Peut-être y a-t-il là, à une lieue de nos avant-postes, cette brave légion de Bouras, où tant de camarades de la Haute-Saône se sont enrôlés pendant la guerre ! Peut-être même les mobilisés du département, que nous savions réunis à Besançon, arrosent-ils de leur sang ces coteaux couverts de neige, et demain, cette nuit sans doute, nous jetterons-nous dans leurs bras, en face de l'ennemi vaincu et de ses bataillons dispersés !

Malheureusement, durant ces journés de luttes ardentes et de combats livrés pour notre délivrance, le rôle de la forteresse de Belfort se restreignit trop à une attente passive. L'artillerie canonnait, il est vrai, toutes les positions jusqu'alors occupées par l'ennemi; elle dirigeait principalement son feu sur les points où les bruits de la bataille devenaient plus distincts. Mais blottie dans ses tranchées, la division Treskow, qui avait renforcé Werder de la moitié de son infanterie, échappait à nos coups, et attendait immobile que nos troupes se présentassent à portée de son feu. Comment ne s'est-il pas trouvé dans l'armée de Bourbaki quelques hommes énergiques et familiarisés avec les abords de la place, pour initier le colonel Denfert aux plans du dehors et faire combiner notre action avec les opérations extérieures? S'il s'en est trouvé, comment excuser un état-major qui négligea cette ressource? Quoi qu'il en soit, Belfort ne fit rien, ou peu de chose, pour se rapprocher de ses libérateurs. Est-ce impuissance de rien entreprendre de sérieux? Les auteurs du récit officiel l'insinuent timidement à la fin de leur ouvrage.

Les Prussiens n'en avaient pas jugé de même : nuit et jour, depuis le 15 janvier, le gros de la division Treskow surveillait les routes de Lure et d'Héricourt, où ils pensaient que la garnison tenterait quelque vigoureux effort. Leur étonnement fut grand devant cette immobilité de la forteresse, et ils en ont conclu d'abord à l'infériorité de notre infanterie.

M. Denfert donne de son inaction une autre raison encore :

il craignait, dit-il, de compromettre l'avenir de sa défense. En l'examinant de près, cette raison est un sophisme. Qu'était-ce, en effet, que l'armée de Bourbaki? La dernière espérance et la dernière ressource de la France. Cette armée vaincue, Belfort était enveloppé dans le désastre. Bourbaki victorieux, la forteresse débloquée pouvait sans crainte envisager l'avenir. Si nous avions su prendre exemple sur les Prussiens eux-mêmes, et dans cette dernière partie du jeu de la guerre y aller de notre reste, peut-être une diversion puissante, tentée avec les forces disponibles de la garnison vers la rive droite de la Savoureuse, dans la direction de Châlonvillars, eût changé l'issue de ces journées d'anxieuse espérance.

Toutefois l'inaction de la place ne fut pas complète. Le 15 janvier, trois reconnaissances furent ordonnées par le colonel Denfert, dont deux évidemment inutiles; j'entends celles qui explorèrent la forêt de l'Arsot et se présentèrent aux environs de Bessoncourt, positions diamétralement opposées au théâtre de la lutte. A moins de supposer que Bourbaki forcerait l'entrée de Belfort par la route des Vosges et celle d'Altkirch, à moins d'envoyer les troupes en l'air, du seul côté où un débloquement, même effectué, n'influait en rien sur les opérations principales, ces deux reconnaissances étaient sans objet, comme elles étaient sans péril.

La troisième, fournie par le 65e (mobiles du Rhône), et qui avait reçu la dangereuse mission de tâter les forces ennemies aux abords d'Essert, paraît ne s'être pas souciée d'exécuter promptement une opération assez périlleuse, s'il faut en croire la verte réprimande consignée dans l'ouvrage de Denfert à l'adresse de certain officier supérieur qui n'était pas, cette fois, de la Haute-Saône : « Quand on ne veut pas apporter plus de zèle à son service, dans les circonstances où nous sommes, on n'accepte pas de commandement (1). »

Cependant quelques officiers intelligents, dans l'après-midi de la journée du 15 si fertile en émotions, commençaient à s'irriter de l'inaction de la place. Au fort des Barres, où nous étions, pour assister à la lutte de Bourbaki, installés aux premières loges, les commentaires allaient bon train sur les résultats de la bataille. Des discussions passionnées que soulevèrent les événements sortit un rapport assez considérable, que M. le commandant Chabaud transmit au gouverneur.

Autant qu'il est possible de nous fier à nos souvenirs, l'attaque

[1] Le même ouvrage dit que cette reconnaissance s'engagea jusqu'à trente mètres environ des batteries ennemies, qu'elle aperçut sur sa droite environ 300 hommes descendant du Mont pour l'attaquer, et une colonne de cavalerie se dirigeant de Châlonvillars sur Bavilliers dans l'intention de la tourner. Que le rapport du commandant de la reconnaissance renferme de pareilles inepties, cela est possible ; mais que, sans les contrôler, des élèves de l'école polytechnique les reproduisent, cela prête à rire à MM. les Prussiens. A trente mètres des batteries ! une fusillade, une canonnade à bout portant ! et la compagnie revient sans être hâchée ! 300 hommes qui descendent du Mont sous le feu des Barres, en colonne serrée, puisqu'on les a comptés, quand les ordres de Treskow prescrivaient immobilité absolue. défensive dans les positions abritées ! Enfin de la cavalerie entrevue sur la route de Châlonvillars à Bavilliers, à travers la côte de Buc et le bois du Coudray, pour déboucher de Bavilliers sous le canon de Bellevue et tourner une compagnie de mobiles lyonnais ! Si tous les rapports de messieurs du Rhône se ressemblent, et si M. Denfert les a tous acceptés avec la même confiance, je reviens de plusieurs étonnements.

de l'aile gauche de l'armée française, en vue d'occuper la route de Lure, y était nettement indiquée. L'intensité de la canonnade, grâce au vent qui soufflait de l'ouest, avait été telle que nous rapprochions le théâtre de la lutte de plus de deux kilomètres. Mais, sauf cette appréciation des distances, le plan de Bourbaki était entrevu avec assez de précision ; l'auteur du rapport indiquait l'attaque du Mont et d'Essert comme le moyen le plus prompt de nous rapprocher de l'armée de secours. Le commandant Chabaud entra pleinement dans ces idées, que justifiaient d'ailleurs des mouvements considérables opérés par l'ennemi vers Châlonvillars, où il avait sa place d'armes et son parc de réserve.

La tournure du combat le 16 au matin ne fit que confirmer les prévisions de la veille. L'ennemi abandonnait peu à peu la route de Lure à Belfort, et s'apprêtait à franchir au sud les ponts de précaution jetés sur la Savoureuse. Il fut résolu, au rapport général, que le 4ᵉ bataillon de la Haute-Saône en garnison aux Barres, avec quelques compagnies de mobiles du Rhône, sortiraient au moment favorable de nos lignes et se porteraient sur Essert.

Il m'en souvient encore comme si c'était hier. Heureux et confiants, nous discutions avec animation la marche de la bataille depuis la veille. La canonnade s'était rapprochée ; on distinguait avec netteté les feux de tirailleurs en arrière de Châlonvillars, et l'on considérait comme certain le débloquement sur ce côté pour l'après-midi. Le commandant, grave et soucieux, nous laissa gaîment achever notre déjeuner ; on cassait avec entrain quelques noisettes rancies qui, depuis longtemps, fournissaient notre unique dessert, lorsque nous recevons l'ordre d'apprêter nos compagnies pour une sortie sur les batteries et le village d'Essert. Soudain les conversations s'apaisent ; tout en agrafant nos sabres, nous achevons notre frugal repas, le dernier peut-être. L'auteur de ces lignes, envoyé en observation au bastion 1 des Barres, entend la fusillade éclater derrière Châlonvillars. Evidemment Bourbaki approche. Dans une demi-heure peut-être nos tirailleurs déboucheront en vue de la place. Déjà les réserves ennemies se massent dans le chemin de Giromagny à Héricourt. Le bataillon quitte le fort, rallie au hameau des Barres trois compagnies du 3ᵉ bataillon mobile du Rhône, et se dirige résolûment sur Essert et les pentes sud du Mont.

En avant, la 2ᵉ compagnie (Montbozon), sous le commandement du jeune capitaine Dubois et du sous-lieutenant Julien, se déploie en tirailleurs. Appuyée à sa gauche par une compagnie du Rhône, elle gravit les pentes du Mont, se précipite sans hésiter sur la ligne des batteries ennnemies, et mettant genou en terre à moins de cent mètres, ouvre son feu sur les canonniers et les gardes de tranchées. La compagnie du Rhône, dès la première décharge, voit tomber le lieutenant Sallet et deux sous-officiers. Elle s'arrête et se blottit dans un pli de terrain sans qu'il soit possible de la ramener en avant. Le sous-lieutenant de cette compagnie profite de la mort de son supérieur pour s'éclipser avec le brancard du champ de bataille. La plupart des soldats imitent son exemple. Le 4e bataillon avance toujours; les officiers, le sabre au poing, avec le commandant en tête, entraînent les compagnies. Nous passons sur le dos de la compagnie lyonnnaise, que nos coups de sabre ne sauraient ramener en avant. Des batteries d'Essert, de Bavilliers, du Bosmont même, les obus et les bombes nous accueillent de front, d'écharpe et de revers, sans arrêter notre marche. Une quinzaine d'hommes sont hors de combat, et nous n'avons pas tiré un seul coup de fusil. Par-dessus la ligne des tranchées nous voyons apparaître les schakos d'un bataillon de landwehr ; appuyés sur l'épaulement, leurs fusils nous regardent, et chaque fois que nous franchissons une limite que nous estimons, sur la droite, à deux cents mètres des tranchées, un feu terrible nous force à reculer. Quatre fois nous revenons à la charge conduits par le commandant lui-même ; mais impossible de dépasser la fatale limite où sont braqués les fusils à aiguille. Au-dessus des carrières et à cent mètres en avant, la compagnie Dubois essuie sans broncher le feu des mortiers et des canons prussiens. Elle a perdu plus du quart de son effectif, et ne songe pas à revenir encore.

A quatre kilomètres devant nous, au bois d'Echavannes, les troupes de l'amiral Penhoat poussaient alors, la baïonnette dans les reins, la brigade badoise du général Keller. La fusillade expirait peu à peu derrière Châlonvillars ; nous interrogions, mais en vain, les hauteurs de Buc et les bois du

Petit-Salbert : tout y semblait terminé. Comment ? nous ne pouvions le savoir, et l'eussions-nous su pleinement, que la ténacité des défenseurs d'Essert n'eût pas permis d'emporter de front une position retranchée, garnie de pièces de gros calibre et défendue par un millier d'hommes.

Un grand mouvement sur la droite devenait nécessaire. Le commandant Chabaud put regretter, à juste titre, de n'avoir sous ses ordres que dix compagnies. Il ordonna la rètaite. Mais la compagnie Dubois, entrainée par l'ardeur de la lutte, et s'attendant plutôt à ètre secondée dans son mouvement qu'à revenir en arrière, continuait le feu pendant que le gros de nos forces se reportait à la hauteur de la ferme Juster, que l'ennemi criblait de ses obus à balles. Il fallut ramener en avant toute la droite pour appuyer le rassemblement de nos tirailleurs.

Tout semblait terminé, et, sous le feu des tranchées prussiennes, nous serrions la main aux vaillants officiers qui avaient, avec une vigueur vraiment remarquable, conduit ce mouvement offensif. Tout à coup l'on s'aperçoit que des blessées et des morts avaient été abandonnés en avant des lignes prussiennes. Sur un signe du commandant, nous nous précipitons pour les arracher à l'ennemi.

Nous sommes assez heureux pour n'en laisser aucun entre ses mains. Deux hommes sont blessés en accomplissant ce pieux devoir ; nous ramassons même tous les havre-sacs que la compagnie du Rhône avait abandonnés pour courir plus vite dans sa retraite. Puis lentement, dans l'ordre le plus parfait, poursuivi par les obus de la batterie de Bavilliers, le bataillon se replie sous le fort des Barres; formées en colonnes, les compagnies, sans être autrement inquiétées, regagnent leur casernement. La compagnie de Montbozon avait, à elle seule, 16 hommes hors de combat, dont 10 sont morts. Par quelle fatalité singulière, ou par quelle incroyable négligence, nul des héroïques survivants de cette compagnie n'a été compris dans les récompenses répandues à profusion sur des faiseurs habiles, c'est un mystère que nous voudrions voir éclairci ou un oubli dont nous attendons la réparation.

Le résultat de cette journée, nul au point de vue pratique de la défense, était considérable au point de vue de la réhabilitation des mobiles de la Haute-Saône. Cette infanterie, tant décriée dans les rapports officiels, lancée contre une position formidable, avait accompli son mouvement avec un entrain et une solidité qui força l'admiration de la place entière. Pour quiconque jugeait sans prévention, il était évident qu'avec de tels hommes on eût pu tout oser. Si, au lieu de les employer à une simple démonstration, on les avait engagés à fond et solidement appuyés par des forces respectables, la batterie d'Essert tombait en notre pouvoir.

Pour la première fois, en plein jour, et sous les yeux de la forteresse, les mobiles de la Haute-Saône avaient été engagés concurremment avec leurs rivaux et détracteurs du Rhône. Tandis qu'à la première décharge la compagnie du 65ᵉ s'était débandée et avait quitté la lutte, nos paysans taciturnes, suivant l'exemple de leurs chefs, depuis le ravin de Bavilliers jusqu'aux pentes du Mont, avaient abordé les batteries prussiennes, non pas à trente mètres, il est vrai, comme les officiers du Rhône s'en étaient vantés la veille, mais à moins de cent mètres, à la gueule des canons ennemis qui nous couvraient d'obus et de mitraille. Au lieu de les exposer pendant deux heures à un feu auquel ils ne pouvaient répondre, on pouvait les jeter sur l'ennemi et engager la lutte corps à corps. J'en appelle aux souvenirs de ceux qui, ce jour-là, ont de près observé nos hommes : pas un ne fût resté en arrière. Les pertes eussent été considérables; mais on eût tenté l'effort sans faiblir, et peut-être pouvait-il aboutir. L'ennemi lui-même en conçut un instant de stupeur; ses canonniers, nous l'avons su depuis, à court de munitions, s'apprêtaient à enclouer leurs pièces et à se replier sur Essert, quand, renonçant aux avantages obtenus, le commandant Chabaud jugea à propos de battre en retraite.

Ce soir-là du 16 janvier, la droite de l'armée prussienne, débordée par le 18e corps en arrière de Châlonvillars, menacée par le 4e bataillon de la Haute-Saône en avant d'Essert, s'est vue un instant à deux doigts de sa perte. Mais la victoire, habituée dès longtemps à fuir nos armes, après une hésitation de quelques heures, resta fidèle à nos adversaires. Le 17, Bourbaki battait en retraite, et Belfort, abandonné à ses propres ressources, continua comme par le passé sa glorieuse et désespérée résistance.

Cette sortie du 4e bataillon de la Haute-Saône sur Essert fut le seul effort sérieux tenté par la garnison pour se rapprocher de Bourbaki. Lorsque, dans la journée du 17, le bruit de la bataille allait s'affaiblissant et s'éloignant dans la direction du sud, lorsqu'enfin le 18 il s'éteignit tout à fait, et que, des deux rives de la Savoureuse, les batteries assiégeantes ouvrirent un feu plus terrible que jamais, ingénieux à nous tromper nous-mêmes, nous imaginâmes des combinaisons stratégiques conformes à nos vœux. Comme on espère toujours le bien que l'on désire, nous cherchions à nous persuader que Bourbaki, tournant l'armée prussienne à l'Est ou dans les Vosges, poursuivait un dessein plus vaste, plus décisif que le seul débloquement de notre pauvre forteresse. Mais, à notre insu, le découragement se glissait dans nos âmes : un fait brutal et malheureusement trop évident renversait nos combinaisons et brisait nos espérances. L'ennemi, sous nos murs, continuait ses opérations avec une audace et un entrain incompatibles avec des craintes extérieures. Dans la nuit du 20 au 21 janvier, il poursuivit le plan inauguré le 9 par la prise de Danjoutin, et attaqua la position de Pérouse. Comme il avait tourné les Perches à l'ouest, il essayait de les envelopper à l'est et au nord ; puis, appuyé sur ces deux villages, et poussant rapidement ses travaux d'approche, il allait tenter de conquérir les redoutes, pour de là menacer d'une entière destruction la ville et le Château lui-même.

CHAPITRE V.

Perte de Pérouse. — Assaut des Perches. — Derniers épisodes.
— Reddition.

Le village de Pérouse est situé à quinze cents mètres environ de la grande ligne de fortifications qui couvre Belfort à l'est. A cheval sur la route d'Altkirch, il ferme l'entrée d'une gorge formée par les hauteurs des Perches au sud, et par les pentes boisées de Mervaux et des Fourches qui, en se relevant vers l'ouest, se confondent avec les glacis de la Justice et de la Miotte. Exposé aux vues de ces ouvrages et du Château réunis, placé sous la menace directe de leurs feux, Pérouse semblait un poste facile à conserver pour la place, inabordable, intenable pour l'ennemi.

Mais depuis l'occupation de Danjoutin, de Bavilliers, d'Essert et de Cravanche, tout aussi rapprochés de la forteresse, et où l'ennemi se maintenait malgré la formidable canonnade qui couvrait incessamment ces villages, on pouvait supposer à l'état-major prussien toutes les audaces. Voici d'ailleurs le procédé général qui lui permettait de se jeter et de se maintenir à portée de nos feux dans des positions en réalité fort périlleuses.

Lorsqu'elles sont faiblement occupées, il se contente, par une attaque brusque et hardie, de se jeter sur les grand'gardes, soit à la faveur de la nuit, soit en se dissimulant avec un art infini dans les bois et les ravins qui peuvent le mener à proximité de nos postes. Puis, après s'en être emparé rapidement, sans que l'artillerie ait eu le temps de se mêler à la lutte, ou en abordant nos postes de près pour paralyser son action, il élève en toute hâte des retranchements et des barricades sur tous les points particulièrement menacés. Le gros des forces se replie sur la seconde ligne, à l'abri des coups ; deux compagnies tout au plus gardent le village occupé, placent leurs sentinelles dans des trous et des tranchées habilement dissimulés, et se postent dans les caves des maisons les plus rapprochées des points où pourrait se porter notre attaque. Si cette attaque se produit, abritées par leurs barricades et leurs tranchées, ces compagnies essuient le premier feu et donnent aux troupes de la seconde ligne le temps d'accourir. Deux qualités indispensables au succès d'une semblable manœuvre existent chez nos adversaires à un degré supérieur : ténacité et discipline à toute épreuve, rapidité et précision dans les mouvements ; grâce à la première, les troupes exposées tiennent bon ; grâce à la seconde, les renforts arrivent aussitôt.

Lorsque les villages à emporter ont reçu de la place une garnison considérable et sont couverts par des retranchements, l'attaque est précédée d'un bombardement méthodique, qui se prolonge plus ou moins selon le degré de résistance à vaincre, selon la qualité présumée des troupes qu'il s'agit de démoraliser et d'affaiblir. Danjoutin avait eu l'honneur de cette action de siége. Les jours qui avaient précédé l'attaque furent employés à canonner violemment le village. Mais ce bombardement n'était rien au prix de celui qui précéda l'attaque de Pérouse.

Ce village était occupé : par le bataillon du 84e de ligne, commandant Chapelot, investi du commandement supérieur ; par le 2e bataillon de la Haute-Saône, licencié après le bombardement de Bellevue, et reformé aussitôt avec des éléments pris dans tous les corps de la garnison ; par trois compagnies de la mobile du Rhône, enfin par une compagnie de francs-tireurs d'Altkirch. Il faut y ajouter une compagnie mobile de Saône-et-Loire, sous le commandement du lieutenant Thibaudet. Cette troupe, grâce aux aptitudes spéciales de celui qui la commandait, avait été assimilée à une véritable compagnie du génie, et présidait à la construction des abris et des retranchements défensifs.

Mais au lecteur qui se laisserait éblouir par cette énumération de forces nous ferons remarquer que l'effectif de tous ces corps était affaibli dans d'effroyables proportions, tant par la maladie que par le feu de l'ennemi. Les sept compagnies du 2e bataillon de la Haute-Saône ne formaient pas en tout un total de 200 hommes valides et propres à combattre ; la 6e compagnie, nous avons sous les yeux le chiffre officiel, pouvait, en défalquant les non-valeurs, mettre en ligne 27 hommes le jour de l'attaque. C'était donc 1,500 hommes à peine qui fournissaient la défense de Pérouse.

Un premier plan de défense, le même qui perdit Danjoutin, consistait à maintenir toutes les troupes dans l'intérieur du village, sauf les grand'gardes placées à la lisière des bois, et à le défendre comme une redoute. La compagnie Thibaudet avait, conformément à ce plan, élevé quelques redans sur les points les plus accessibles. Au nord, en face des bois sur Mervaux et du bois des Fourches, on avait transformé en forteresse des carrières spacieuses qui offraient, par leur orientation, un abri aux troupes, et, sous le feu direct de la Justice, menaçaient la route et les bois. Sur la route même, en face de Bessoncourt, fut pratiquée une coupure qui devait parer à une attaque de front. Au sud, au point de jonction des chemins de Chèvremont et de Vezelois, faisant face à ces deux villages, une sorte de lunette élémentaire prévoyait le cas d'un mouvement tournant par le bois de la Perche. Ce poste se reliait aux grand'gardes de la redoute des Hautes-Perches, destinées à surveiller les abords de Vezelois.

Mais, après le désastre de Danjoutin, qui démontrait avec une cruelle évidence les dangers de cette défense concentrée, le gouverneur appliqua à Pérouse même son système général, qui consistait à maintenir nos postes le plus près possible de l'ennemi, afin de déjouer toute surprise sur la position principale. En conséquence on poussa les retranchements sur

Mervaux jusqu'au sommet du bois, d'où l'on surveillait les abords de Denney, de Roppe, et la route de Colmar. Au sud du bois de la Perche, en face du passage à niveau de Vezelois, un double redan couvrait la lunette de l'entrée du village. Enfin l'occupation permanente du bois de Chèvremont, sur la rive droite du Trouvaire (1), fut décidée pour le moment où elle deviendrait possible. Vers la lisière de ce bois, en face de Vezelois, une tranchée fut pratiquée et les arbres abattus sur une étendue considérable. En arrière, des trous creusés dans la terre devaient servir de logement aux hommes.

Ce travail, entrepris au commencement de janvier, avançait avec une lenteur plus que justifiée par la faiblesse de l'effectif et la dureté d'un sol qui faisait feu sous le pic. La garde de cette position, avec le soin de la retrancher et de s'y creuser des abris, fut confiée au 2e bataillon de la Haute-Saône. En attendant qu'elle fût devenue habitable pour le bataillon entier, les compagnies, par moitié, allaient y passer vingt-quatre heures, couchant dans la neige, émiettant le sol ; puis elles rentraient au village non pour se reposer, mais pour blinder avec des madriers et des arbres emportés du bois, les maisons que menaçait l'artillerie ennemie. Pérouse en effet était, depuis la fin de décembre, le point de mire de deux batteries prussiennes qui tiraient sans relâche, tant sur les bois occupés par nos troupes que sur le village lui-même. L'une de ces batteries, située

[1] Petit affluent de la Madeleine, prenant sa source auprès de Pérouse.

derrière le remblai du chemin de fer, sur un monticule de quatre cents mètres d'altitude, était à elle seule toute une forteresse. Le Château et les Perches y lancèrent quelques obus, mais sans éteindre ses feux et sans les intimider. L'autre batterie était installée à la droite de Chèvremont, et enfilait Pérouse dans toute sa longueur. Après l'occupation de Danjoutin, l'ennemi avait poussé ses postes d'infanterie jusqu'à la lisière sud du bois de la Perche, préparant dès lors le mouvement enveloppant qui devait lui livrer le village.

Un bombardement furieux, et dont le lecteur se ferait difficilement une idée s'il oubliait qu'un faible village de 800 âmes en était l'objet, précéda l'attaque que l'ennemi méditait. Après la retraite de Bourbaki, le feu de ses batteries acquit une telle violence que l'on a compté jusqu'à quarante-cinq coups à la minute, lancés par les pièces de Vezelois et de Chèvremont. Pérouse n'était plus qu'une ruine ; la plupart des maisons étaient devenues la proie des flammes ; méthodiquement, posément, les pièces prussiennes les frappaient l'une après l'autre, expulsant graduellement la garnison de chacune d'elles, cherchant à l'acculer aux confins extrêmes du village. Dans la journée du 20, la rage des artilleurs prussiens monta à son comble, et M. le commandant Chapelot, suffisamment averti par le précédent de Danjoutin, déclara, sans hésiter, qu'il serait attaqué à la nuit. Ces prévisions furent communiquées aux officiers chargés des commandements subalternes, la plus grande vigilance recommandée aux troupes des grand'gardes et des postes avancés. Comment se fait-il que M. le commandant Lang, prévenu, ainsi que les autres, et avant les autres sans doute, puisque, avec M. Chapelot, il était le seul officier supérieur de Pérouse, comment se fait-il, dis-je, qu'il ait négligé d'avertir ses officiers, laissant à leur sagacité personnelle le soin de présager une attaque? Les commandants de grand'gardes dans le bois de Chèvremont n'avaient reçu aucune instruction spéciale; ceux que nous avons interrogés sont unanimes à cet égard.

M. Chapelot, dans l'après-midi, donna l'ordre aux francs-tireurs d'Altkirch de pousser une reconnaissance le plus loin possible dans la direction de Vezelois. Cette reconnaissance, paraît-il, fut accomplie avec une précipitation telle qu'elle n'apprit rien d'utile et ne sut même pas constater la présence de l'ennemi au bois de la Perche, où déjà il traçait la parallèle qu'il devait ouvrir pendant la nuit. Les deux ou trois francs-tireurs qui s'étaient aventurés sur le chemin de Vezelois revinrent avec l'éternel : *Rien de nouveau!* si commode quand on ne sait rien voir. Leur poste, situé à la lisière du bois, s'endormit tranquille sur la foi de ce renseignement : on verra ce qui en advint plus tard. M. Chapelot avait demandé également l'appui de la batterie de campagne installée au Fourneau; elle arriva à la nuit tombée, et fut établie sans bruit dans les retranchements de la carrière sur Mervaux, en face du bois des Fourches.

Certes M. Chapelot est un habile homme, et il sut en cette

occasion ne pas sacrifier les intérêts de son beau bataillon du 84e; il amenait aux chassepots le renfort précieux de quatre canons, tandis que le bataillon de la Haute-Saône, au bois de Chèvremont et à la croisée des chemins, resta réduit aux seuls fusils à tabatière. Mais lorsque, affranchi de toute préoccupation personnelle, on se demande où était la place logique de ces canons, il n'est point de caporal intelligent qui ne les mît au poste dit *de la Lunette,* au sud du village, plutôt qu'aux carrières (1).

Pourquoi l'ennemi attaquait-il Pérouse, sinon pour appuyer à ce village ses travaux contre les Perches? Quel devait-être l'objectif principal de ses efforts, sinon le bois de Chèvremont et le bois de la Perche? M. Chapelot ne pouvait l'ignorer. Faut-il croire que, par un adroit calcul, il ait placé les mobiles au poste du danger véritable, et, dans une position secondaire, appuyé son bataillon par l'artillerie? On ne pouvait plus habilement mettre tous les atouts dans son jeu : la partie était belle pour le bataillon du 84e; s'il est vrai qu'il ait mérité le rapport lyrique adressé après l'affaire au commandant supérieur, l'habileté de M. Chapelot et son adroite prévoyance en avaient fourni les premiers et les meilleurs éléments.

L'attaque de l'ennemi commença à minuit; on en suivait les phases de toutes les parties de la forteresse. Les incendies allumés par les obus empourpraient le ciel et projetaient sur

[1] Du moins était-il raisonnable de ne pas les concentrer sur un seul et même point.

les bois leurs vives lueurs. Tandis que, guidés par cette clarté, les tirailleurs prussiens rampaient vers nos avant-postes, à deux cents mètres en arrière, des compagnies formées en colonnes s'avançaient en vociférant pour attirer sur elles l'attention des sentinelles. Tout à coup la première ligne, arrivée inaperçue en se glissant de ravins en ravins, de buissons en buissons, se dresse et bondit sur les factionnaires stupéfaits. Ceux-ci lâchent au hasard quelques coups de feu isolés et n'ont que le temps de se rejeter vers le village pour ne pas être pris. Pendant ce temps, des masses compactes d'ennemis se répandent dans le bois, poussant devant elles nos postes débandés. Par ce stratagème, le bois de Chèvremont et celui de la Perche sont en un clin d'œil envahis ; la coupure pratiquée sur la route en face de Bessoncourt, défendue par quelques hommes, est enlevée de même ; sur le chemin de Vezelois, les francs-tireurs d'Altkirch, abasourdis et perdant la tête, se hâtent de fuir vers le village, où, sans plus s'occuper de la lutte, ils s'installent et continuent, dans une parfaite insouciance, la nuit comme ils l'avaient commencée.

Cette vigoureuse attaque avait livré à l'ennemi tous les abords à l'est et au sud du village. Son but principal, qui était d'occuper le bois de la Perche, se trouvait atteint presque sans effusion de sang. Déjà les compagnies de pionniers, se mettant à l'ouvrage, abattaient des arbres, creusaient la terre et ouvraient une parallèle qui filait de la lisière du bois au bas des Hautes-Perches, au passage à niveau du chemin de Danjoutin, sur le versant des Basses-Perches. Le bruit de ce travail arrivait distinct aux oreilles des compagnies qui s'étaient reformées sur la crête du bois.

L'infanterie ennemie, encouragée par ce premier et trop facile succès, voulut tenter alors sur Pérouse le mouvement enveloppant qui avait si bien réussi à Danjoutin. Ce dernier village avait été enlevé par un régiment de landwehr poméranien, colonel Manstein, qui reçut les félicitations de Sa Majesté Impériale ; cette fois-ci c'était un régiment de ligne (67e, province de Saxe) qui tentait l'aventure, et, comme bien on pense, prétendait ne le céder en rien à ses rivaux de la landwehr. Mais la position se prêtait moins à une manœuvre aussi audacieuse ; la garnison du village, remplie du souvenir d'un premier désastre, fit bonne garde, et déjoua la tentative de l'ennemi.

Celui-ci n'eut pas plutôt balayé le bois de Chèvremont et lancé ses tirailleurs sur le front et le flanc droit de Pérouse pour attirer notre attention vers ces côtés, qu'un bataillon, que nous croyons de landwehr, pénétrant dans le bois sur Mervaux et le bois des Fourches, tenta, par la gauche, d'envelopper le village en descendant des carrières sur la route qui formait notre seule ligne de retraite. Il vint se heurter contre les retranchements du 84e et la batterie de campagne ; un feu terrible de chassepots et de mitraille le rejeta dans le bois. C'est là que l'ennemi subit les pertes les plus considérables, de l'aveu des prisonniers prussiens, qui les estiment à plus de 100 hommes sur ce point ;

ce dire est confirmé par celui des officiers français tombés durant l'attaque au pouvoir de l'ennemi (1), par celui des médecins prussiens, qui, sans apparence d'arrière-pensée, ont déclaré, le lendemain de l'affaire, comme depuis, le chiffre total de 136 ou 137 hommes hors de combat.

Au sud, l'ennemi, se jetant dans les premières maisons du village, cherchait à emporter la lunette située à la croisée des chemins de Vezelois et de Chèvremont. Là était concentrée la moitié environ du 2e bataillon de la Haute-Saône, qui, après avoir été rejetée du bois par une attaque brusque et inopinée, avait pris position dans les retranchements, dans les maisons du village, et y attendait de pied ferme l'assaillant.

Le sous-lieutenant Gaildraud, le même qui, après Besson-court, avait eu les honneurs de l'ordre du jour, avec cette crânerie goguenarde de nos vieilles peaux africaines, sort de la tranchée vers laquelle convergeaient les lignes noires des tirail-leurs ennemis, et à pleine voix, s'adressant aux canonniers que M. Chapelot avait... oublié d'envoyer sur ce point. « A vos pièces, cria-t-il, et chargez-moi ça à mitraille ! » Un feu

[1] Ce chiffre, on le voit, est loin des 1,200 hommes dont parle le commandant Chapelot dans son rapport. Ce rapport n'a d'autre fondement que les mystifications des officiers prussiens, qui, pour nous flatter ou se jouer de nous, grossirent démesurément leurs propres pertes. M. Chapelot s'est trompé non moins grossièrement sur le chiffre des assaillants, qu'il porte de 10 à 12,000 hommes. La vérité est qu'en ce moment il n'y avait pas 12,000 hommes d'infanterie sous les murs de Belfort. L'attaque de Pérouse fut faite avec 2,000 hommes environ, autrement dit avec trois bataillons, dont deux de ligne et un de landwehr. C'est ce dernier, paraît-il, qui fut surtout éprouvé. Elle était commandée par un simple major, dont le nom est resté au souvenir de nos prisonniers ; il s'appelait *Schramm*, sauf correction.

roulant de chassepots et de tabatières supplée aux canons qui manquent et disperse en un clin d'œil cette attaque audacieuse. Quelques Saxons réussissent à se maintenir derrière les murs des jardins et dans les ruines des maisons écroulées sous les obus des jours précédents. Mais les mobiles de la Haute-Saône tiennent bon, et les expulsent d'une vieille construction qu'on appelait le Château, où ils cherchaient à se fortifier (1).

C'est là que fut blessé à mort le brave capitaine Guillet, qui, à Bessoncourt d'abord, puis à Bellevue comme adjudant-major, avait donné les plus grandes preuves de courage. Blessé d'une balle à l'épaule, il succomba en quelques jours à cette fièvre plus terrible que les blessures elles-mêmes, connue sous le nom de pourriture d'hôpital. Le régiment perdait en lui un des plus sympathiques et des plus intrépides officiers ; à peine âgé de vingt-cinq ans, compris dans les contingents de la mobile par la loi de 1868, et honoré tout d'abord du grade d'officier, il avait prouvé une fois de plus que le mépris de la mort n'est pas l'apanage exclusif des militaires de profession.

Cependant le feu de l'ennemi avait entièrement cessé à notre extrême droite dans le bois des Perches, où déjà il ouvrait sa parallèle. Concentrée au sommet du bois, au-dessus d'un étang formé par le trop-plein du Trouvaire, une autre partie du

[1] On avait versé dans le 2ᵉ bataillon de la Haute-Saône une forte proportion de mobiles du Rhône, sans doute pour lui refaire un peu de courage. Il est constant que, dans cette affaire de Pérouse, on n'en put amener qu'un très-petit nombre aux retranchements où se battaient si bien ceux de la Haute-Saône.

bataillon de la Haute-Saône attendait, l'arme au pied, que le mouvement des assaillants se prononçât de ce côté. Peu à peu la fusillade sur le front et le flanc gauche du village devient moins vive. Repoussés entre Mervaux et les Fourches par le 84e de ligne, les Prussiens s'étendaient vers l'ouest jusqu'au pied de la Justice ; quelques-uns même, paraît-il, s'étaient égarés vers le bord des fossés, puis de là, se rabattant dans la direction du sud, tentaient de déborder Pérouse du côté de la ville en descendant sur la route par le bois des Fourches.

Le commandant Chapelot jugea prudent de battre en retraite ; déjà l'artillerie avait filé vers Belfort, et les compagnies du 84e la suivaient de près, lorsqu'au bois des Perches l'ennemi, jusqu'alors immobile, gravit les crêtes, et poussa devant lui les mobiles de la Haute-Saône qui s'y étaient maintenus jusqu'alors. Le capitaine Galmiche, resté le dernier avec quelques hommes, est cerné par des forces considérables et forcé de se rendre prisonnier.

Ce dernier effort terminait la lutte ; il pouvait être trois heures du matin. L'ennemi enserrait le village dans un demi-cercle de baïonnettes ; il était maître des maisons qui faisaient face à Bessoncourt et de la croisée des chemins. L'évacuation du village par nos troupes était un fait accompli ; Pérouse perdu pour nous, le génie prussien, qui à la faveur de la lutte avait paisiblement ouvert sa parallèle du Bosmont au bois de la Perche, pouvait continuer à l'abri cet immense travail.

La garnison du village s'était repliée vers la porte de Brisach, emportant avec elle tout son campement, ses munitions et ses vivres. Mais le bruit qui se fit à la poterne de Pérouse attira l'attention de l'ennemi ; des pièces de campagne amenées à la gauche du village lancèrent quelques obus qui, pointés trop haut, vinrent enfiler en droite ligne les longues casemates des Barres. Heureusement que ce fut là un accident ignoré de l'ennemi, qui, en continuant ce feu, eût rendu ce casernement intenable.

Quant aux francs-tireurs d'Altkirch, que nul n'aperçut durant la lutte, après s'être endormis d'un paisible sommeil au centre du village pendant que la garnison se repliait vers Belfort, ils furent le lendemain réveillés par les patrouilles prussiennes, qui les emmenèrent prisonniers.

Nos pertes furent dans cette affaire d'une centaine d'hommes, tant tués, blessés que prisonniers, et de six officiers, dont cinq tombés sans blessure aux mains de l'ennemi. Quant à l'occupation de Pérouse par l'armée assiégeante, prévue depuis Danjoutin, et dès lors inévitable, elle n'étonna personne. Comme le bataillon du 84ᵉ de ligne avait participé à l'affaire, il est bien entendu qu'elle fut poétisée et grossie outre mesure. La vérité vraie à cet égard ressort clairement de notre récit ; l'ennemi avait atteint le but principal de ses efforts, qui était la conquête du bois de la Perche ; la ténacité de nos troupes et les mesures intelligentes de M. Chapelot avaient empêché que notre défaite ne devînt un désastre, tout en infligeant aux Prussiens des pertes qui n'étaient pas *insensibles* (1).

[1] Télégramme de Guillaume à Augusta.

L'affaire de Pérouse fut la dernière action de vigueur à laquelle les bataillons de la Haute-Saône aient participé ; ce fut la dernière aussi que les Prussiens devaient entreprendre contre les avancées de la place. Désormais c'était sur la forteresse elle-même qu'allaient porter leurs coups, sur cette position dominante des Perches, dont l'occupation était indispensable pour réduire le Château et écraser la ville. L'heure des grands périls et des sérieuses épreuves allait sonner pour nous. Mais en dépit des efforts prodigieux tentés par l'ennemi à partir de ce jour, les événements extérieurs marchaient plus vite encore que le siége.

Le général Bourbaki, qui redoutait pour Besançon un nouveau Sedan, avait fait opérer à ses troupes une retraite précipitée vers Pontarlier, et espérait qu'en gagnant l'ennemi de vitesse il les ferait filer par les gorges du Jura, vers le pays de Gex et la vallée du Rhône. A Paris, l'échec de Buzenval avait mis le comble aux fautes d'une défense inintelligente et pusillanime. Le parti avancé tentait d'exploiter à son profit les malheurs des circonstances, et ajoutait aux menaces de l'ennemi les appréhensions de la guerre civile. Sur la Sarthe, Chanzy perdait une grande et décisive bataille ; dans le Nord, Faidherbe, un instant victorieux, subissait un sérieux échec autour de Saint-Quentin, et le général Von Gœben poussait ses troupes triomphantes jusqu'en vue du Havre, aux confins de la Normandie. Des bords de la Manche aux frontières du Jura la fortune de la France s'écroulait dans un immense et irremédiable désastre; toutes ces armées levées à la hâte par le Gouvernement de la défense nationale, après une campagne de souffrances noblement endurées et de combats souvent glorieux pour notre drapeau, se disloquaient l'une après l'autre, affaiblies et démoralisées sans remède.

Un seul point, au milieu de ces ruines, restait inébranlable et invaincu. Ecrasée sous un bombardement qui n'en a point de pareil dans aucune histoire, dépouillée successivement de tous ses postes avancés, frappée par la maladie et par le feu dans une moitié de ses défenseurs, la ville de Belfort restait intacte, et semblait encore à cette heure suprême défier l'acharnement de ses adversaires. La confiance de la garnison, plus ébranlée par le salut qu'on avait rêvé que par les revers qui fondaient de toutes parts sur la patrie, était vivace encore. Nul ne pouvait croire que tant de souffrances endurées, tant de sacrifices supportés depuis trois mois aboutiraient en fin de compte à une capitulation, à la triste et poignante nécessité de déposer nos armes aux pieds du vainqueur, de rejoindre en captivité toutes les armées de l'Empire, toutes celles de la jeune République. Nous commencions à combattre non plus pour la France, mais pour nous-mêmes, pour notre gloire. Prolonger la défense jusqu'à l'heure où l'armistice et la paix mettraient fin à la lutte, telle était maintenant notre seule prétention possible. Tirer dans cette guerre le dernier coup de canon, rester debout sur nos remparts, regardant l'ennemi et défiant sa rage jusqu'au moment où un parlementaire nous annoncerait le repos, telle était notre résolution.

L'ennemi le sentait, et de son côté formait la résolution non moins arrêtée de compléter sa victoire par la chute de cette forteresse qu'il convoitait chaque jour davantage. Lui non plus ne pouvait se décider à lâcher ce qu'il était arrivé à considérer comme sa proie. Il avait trop souffert, trop répandu de sang au pied de nos murailles pour renoncer à l'idée de compléter tant de lauriers par celui de Belfort; trop de Prussiens dormaient dans les cimetières des villages qui environnent la place, trop de canons avaient été amenés d'Allemagne, trop de projectiles lancés sur nous; tous ces sacrifices demandaient une compensation.

A cette heure, du reste, l'annexion de l'Alsace était dans les desseins de Bismark un fait arrêté. Quoique situé en dehors des limites naturelles, Belfort, sur notre carte, faisait partie de l'Alsace; il était la clé de cette province, et après l'annexion, il devenait pour l'Allemagne une menace.

Ordre fut donné à la division Treskow de pousser sans relâche les opérations du siége, de faire appel à tous les moyens, à toutes les ressources, et d'amener, coûte que coûte, pour la fin du mois de janvier ou le commencement du mois suivant, la chute de la place.

Le 23, en effet, s'entamaient entre Jules Favre et le comte de Bismark les négociations en vue de l'armistice; il fallait se hâter, ou cette dernière victoire manquait à Sa Majesté Impériale;

l'image de notre rocher intact et glorieux allait troubler ses rêves. Ce que ses armes n'auraient pu accomplir dans le délai fixé, l'incroyable diplomatie du gouvernement de Paris devait le permettre et l'accorder dans une large mesure. Désormais tout le sang répandu dans la forteresse, toutes les tortures endurées dans les hôpitaux, toutes les misères subies dans les caves et les bivouacs, nous en faisons retomber la responsabilité sur les signataires de la convention du 28 janvier. De ces deux hommes qui, l'un par ambition et l'autre par faiblesse, n'ont pas craint de déchaîner sur une ville depuis trois mois assiégée, bombardée depuis deux mois, l'effort d'une guerre entière, nous ne savons lequel condamner davantage. Mais jusqu'au jour où M. Jules Favre nous aura fait voir quelque fatale contrainte pesant sur ses actes, nous serons en droit de le maudire plus que Bismark lui-même.

Après la perte de Pérouse, le nombre de pièces qui faisaient converger leur feu sur la place dépassait la centaine. Les coups se succédaient par neuf ou dix à la minute, tombant à la fois sur les Perches, devenues le principal objectif, sur le Château, la Justice et la Miotte, enfin sur la ville, qui n'avait plus rien à perdre. Les forts des Barres et de Bellevue, avec toutes les positions de la rive droite, étaient relativement épargnés. Aux Barres, les artilleurs tiraient, dans les limites où les réduisait le rationnement des projectiles, pour attirer sur eux et sur le fort une partie des obus destinés au reste de la fortification. L'auteur se souvient de ces simples paroles prononcées par M. Ancelis, lieutenant à la batterie de la Haute-Garonne : « Nous attirons sur nous une partie du feu pour décharger d'autant les autres! » Paroles vraiment sublimes, qui honorent d'autant plus leur auteur qu'elles lui parurent toutes naturelles (1).

Aux Perches, la situation devenait plus critique de jour en jour. Du ravin de Bavilliers et du Bosmont les obus y tombaient dru comme grêle. Bientôt trois nouvelles batteries plus formidables encore prennent place dans la parallèle qui s'étend du bois de la Perche au passage à niveau de Danjoutin. Ces batteries étaient situées à cinq ou six cents mètres à peine des deux redoutes, et les bombes qui, dépassant les crêtes, allaient rouler dans le ravin de l'autre côté, rendaient les communications avec la ville presque impossibles. Jusqu'à la perte de Pérouse, la garnison des redoutes avait fait ses provisions d'eau

[1] Le tir de l'ennemi était formidable, autant par le nombre que par la nature des projectiles. Il nous lançait des obus de 12 et de 24, modèle prussien; quelques obus de 24, modèle français, tirés par des pièces enlevées aux places conquises. Ces pièces, se chargeant par la gueule, étaient fort redoutées des artilleurs allemands, comme les obligeant à se découvrir; elles étaient servies, paraît-il, par des Wurtembergeois. A cela il faut ajouter des obus de 32, et enfin des projectiles coniques de 80 kilog., bourrés de 6 kilog. de poudre, baptisés par les troupiers du nom d'*enfants de troupe*, et lancés par deux canons Krupp installés en avant et à la droite du ravin de Bavilliers. Les bombes de 22, 27 et 30 centimètres, réservées jusqu'alors aux forts des Barres et de Bellevue, commençaient à pleuvoir sur les Perches et bientôt sur la Justice. Citons encore les *schrappnell* ou obus à balles du calibre 12 et 24, qui renfermaient de 100 à 250 balles sphériques, projetées au moment de l'explosion dans toutes les directions, et tuant fort bien leur homme à deux cents mètres et plus.

dans ce village. Il lui fallait à présent descendre au Fourneau, et pour avoir un peu d'eau saumâtre, s'exposer vingt fois à la mort. Il vint un moment où les hommes se réduisirent au pain gelé et au lard cru pour toute nourriture. A peine pouvait-on dans les abris allumer un peu de feu pour ne pas mourir de froid.

Bientôt on constata dans le 45e de ligne, qui formait la garnison des Basses-Perches, quelques désertions ; 34 hommes, paraît-il, passèrent successivement à l'ennemi jusqu'à la fin du mois. Comme bien on pense, l'artillerie de ces ouvrages ne tarda pas à être réduite au silence ; une batterie du Haut-Rhin, qui alla du camp retranché relever les artilleurs de la Haute-Garonne décimés par le feu, ne se servit plus que de mortiers de quinze centimètres. Le Château essayait, il est vrai, par un tir plongeant, d'atteindre les tranchées prussiennes par-dessus la hauteur ; mais ce tir aveugle fut fort peu efficace. L'ennemi pouvait, dans une sécurité relative, pousser ses approches vers les redoutes, les envelopper et tenter l'assaut. Une pareille entreprise demandait du temps ; il fallait creuser les tranchées dans le roc, presque à fleur de terre, ou dans un sol durci par le froid ; et comme la pente était forte, le transport des munitions et des pièces rencontrait d'immenses difficultés. Malgré les aptitudes particulières du génie prussien et la perfection de son outillage, la seconde parallèle et les tranchées enveloppantes exigeaient quinze jours au moins d'efforts et de travail opiniâtre. Treskow répondait de la prise des

Perches, mais il demandait du temps. L'influence de M. de Bismark, qui entendait peser sur les négociations entamées avec le gouvernement de Paris, décida de Moltke à se départir de ses procédés de lenteur méthodique et circonspecte. Paris agonisant réclamait que l'on agît sur-le-champ. Ordre fut donné au corps de siége d'occuper les Perches de vive force.

Le 26 janvier au soir, avant que les sentinelles de nuit eussent été posées autour des redoutes, une compagnie de pionniers et deux compagnies de landwehr se précipitèrent sur celle des Basses-Perches, la plus accessible des deux, descendirent dans les fossés sans se laisser intimider par la fusillade des parapets, et essayèrent, en minant l'escarpe, de s'ouvrir le chemin du fort. D'autres compagnies semblaient vouloir tenter la même opération sur les Hautes-Perches, mais tombèrent sur une garde de tranchée et la compagnie des sapeurs du génie, qui arrêtèrent leur marche. Aussitôt, de toutes les parties de la fortification, un feu terrible couvre les abords des redoutes, dispersant les réserves ennemies qui s'avançaient au secours des compagnies compromises. En moins d'une demi-heure, l'ennemi s'enfuyait en désordre dans toutes les directions, abandonnant à leurs propres forces ceux qui étaient descendus dans les fossés des Basses-Perches. Mitraillés à bout portant, essayant, mais en vain, de revenir sur leurs pas, il ne leur reste qu'à se rendre prisonniers. Aux Hautes-Perches, une lutte corps à corps dispersa les assail-lants; le sous-lieutenant Jobard, de Vesoul, à la tête de quelques éclaireurs du 45ᵉ, s'y bat comme un lion, arrache aux mains de l'ennemi quelques sapeurs du génie qu'il emmenait prisonniers, et, secondé par la mitraille que la redoute envoie en tous sens, finit par avoir raison de ses audacieux adversaires.

Ce coup de tête imprudent, plus diplomatique que militaire, coûtait à l'ennemi plus de 500 hommes blessés, tués et prisonniers, dont sept ou huit officiers. L'attaque, commencée à huit heures, n'avait duré qu'une heure environ. Par le chemin du Fourneau, le capitaine Gaubert ramenait triomphant plus de 200 prisonniers sans blessure.

Internés dans la prison de ville, ils furent placés sous le commandement d'un officier de la Haute-Saône, qui crut devoir adoucir, soutenu dans cette voie par le brave et loyal colonel Jacquemey, commandant la place, ce que leur condition avait de particulièrement pénible. Mais telle n'était pas l'intention du gouverneur. Lorsqu'au bout de deux jours un projectile prussien eut blessé ou tué durant leur sommeil vingt-un de ces malheureux, ce fut à contre-cœur que M. Denfert accorda le transfert d'une centaine d'entr'eux dans les casemates du fort des Barres. Le lieutenant français qui, au péril de sa propre vie, avait accordé aux officiers, les plus malheureux de tous, quelques faveurs qui dépassaient les instructions reçues, fut relevé de ses fonctions, sur la dénonciation d'un journaliste et d'un zélé personnage qui faisait du sentiment à ses heures. On le remplaça, comme de juste, par un officier du Rhône, qui, celui-là, nous citons les propres paroles de M. Denfert, *ne savait pas l'allemand :* tant était profonde dans l'âme du gouverneur la défiance que lui inspirait l'ennemi, même lorsque désarmé il n'était plus pour nous qu'une victime de la guerre ! tant était enracinée cette fausse appréciation de la guerre qui fait à l'adversaire un crime de ses victoires, et rend responsable des ambitions de son roi le soldat qui n'en est que l'aveugle instrument !

L'assaut avorté des Perches (1) n'arrêta pas un instant les projets de l'ennemi. Une heure à peine après la fin de la lutte, il poussait ses boyaux de tranchées d'une centaine de mètres, et le lendemain, à trois cents mètres des redoutes, il ouvrait sa seconde parallèle, qui fut achevée en quelques jours. En même temps il continuait le bombardement avec fureur, écrasant toutes nos positions sous la masse de ses projectiles, entassant les ruines et répandant la mort dans toutes les directions.

Après les Perches, le Château, la Justice et le camp retranché étaient surtout éprouvés. Dans ce dernier bivouac était entassé à cette heure tout le 57e provisoire, sous le commandement du colonel Fournier. Le matin de la prise de Pérouse, le 2e bataillon y avait rejoint les deux autres, et c'est à peine si on put lui procurer, dans des terriers exposés à tous les vents, un abri

[1] Les soldats prussiens, comme fait toujours la foule ignorante, ont crié à la trahison, se fondant sur ce que l'alarme était donnée en ville quelques instants avant l'attaque. (Voir WINTERFELD.) Les officiers s'en sont pris à l'état-major du corps de siége, qui leur avait remis un plan inexact des Basses-Perches. Ce plan, que l'auteur a eu sous les yeux, supposait les redoutes construites suivant les projets déposés à la direction de Strasbourg; mais la hâte qu'il fallut apporter à leur construction l'avait de beaucoup simplifiée, ce qui explique l'erreur de l'état-major de Treskow.

contre les projectiles. Sur ce point, comme du reste sur toute la rive gauche de la Savoureuse, la position devenait plus critique de jour en jour. L'artillerie ennemie brisait jusqu'aux voûtes des casemates construites par Vauban, et réputées depuis deux siècles à l'épreuve de tous les projectiles. A plus forte raison les constructions récentes et les abris établis à la hâte formaient-ils contre les obus une faible barrière. Des pierres de taille d'un mètre d'épaisseur volaient en éclats; des blindages de madriers, de fascines et de rails revêtus de terre étaient traversés, selon l'expression pittoresque des troupiers, comme *une feuille de papier à cigarettes*. Dès le commencement de février, tous les points de l'horizon, depuis la route de Lure jusqu'à celle d'Altkirch, en passant par Bavilliers et Danjoutin, étaient garnis de batteries qui, sans répit, faisaient converger sur nous leurs feux redoutables. La place répondait faiblement; l'approvisionnement de projectiles pour pièces rayées allait en s'épuisant; avec le mois de février, dix mille obus à peine nous restaient encore, c'est-à-dire la consommation de l'artillerie ennemie pendant deux jours à peine. On y suppléait imparfaitement avec des boulets pleins, qui faisaient beaucop de bruit et peu de besogne.

Dans ces conditions, on le sentait, le terme de notre résistance approchait. Les optimistes estimaient que l'on tiendrait deux mois encore; les pessimistes, au contraire, et c'étaient les plus nombreux, reculaient aux derniers jours du mois le moment de la capitulation. Les événements extérieurs allaient les mettre d'accord, en ce sens qu'une donnée nouvelle s'ajouta au *problème des ingénieurs*, et en amena la solution indépendamment des prévisions militaires.

Le 28 janvier, le Gouvernement de Paris mit dans la balance Paris et la France. Ce fut Paris qui l'emporta. Certes il y aurait injustice à rendre responsable la grande cité d'une convention où notre intérêt était manifestement sacrifié au sien. Mais, après tant de désastres accumulés sur notre malheureuse patrie, après tant de hontes, de défaites et d'humiliations, il en était une qui, à nos yeux, surpasse toutes les autres, plus poignante que Sedan, plus révoltante que Metz : j'entends l'immense duperie par laquelle un diplomate français, le grand orateur et le chef de l'opposition radicale sous l'Empire, fut conduit à immoler une partie de la France à l'autre, et consentit à livrer sans condition la seule ville qui se fût défendue avec honneur, avec cette vaillante armée de l'Est qui, plus que toutes les autres, avait souffert et combattu. En vain M. Jules Favre invoquerait-il son ignorance de la situation : l'insidieuse proposition de réserver dans l'armistice ce qui concernait les opérations de l'armée de l'Est et du siége de Belfort était un piége si grossier qu'un... orateur seul pouvait y tomber. M. de Bismark ne se fût-il pas empressé d'exiger la clause contraire s'il avait nourri la moindre crainte sur l'issue de cette campagne de Bourbaki, qui depuis huit jours déjà était fatalement avortée?

Une fois que l'armée de l'Est eut franchi la frontière suisse et cherché sur un territoire neutre l'armistice que Jules Favre n'avait pas su lui donner sur le nôtre, Belfort resta seul en face de l'armée prussienne (1) ; et nous nous en apercevions bien. Canons et projectiles affluaient sous nos murs avec une profusion énorme. Werder détacha de son armée les meilleurs régiments, les plus habiles canonniers, pour les mettre à la disposition du général Treskow. Pionniers et fantassins rivalisaient d'ardeur dans les tranchées sous les Perches. Après la seconde parallèle, les cheminements étaient poussés jusqu'au couronnement des glacis des deux forts. Quelques mètres de plus, et ils s'ouvraient dans le fossé. Les pièces qui n'étaient pas culbutées sans remède avaient été, au prix des plus grands efforts, ramenées dans la ville ; les parapets, rasés au niveau de la banquette, laissaient à découvert quiconque apparaissait dans l'intérieur des redoutes. A peine pouvait-on, dans des trous, dissimuler quelques sentinelles pour prévenir une surprise, et gêner par la fusillade les travailleurs ennemis qu'elles entendaient à cent mètres de là. Les abords des Perches n'étaient pas moins malmenés que les Perches elles-mêmes ; le faubourg du Fourneau fut bombardé avec une violence inouïe, et dans une seule après-midi, incendié presque tout entier.

Sur tous les points nos pertes étaient considérables. L'occupation et le service des Perches coûtait régulièrement une dizaine d'hommes par jour ; au Château, il ne se passait presque point d'heure sans quelque grave accident ; au camp retranché

[1] Nous ne parlons pas de Bitche, qui, après un bombardement de courte durée, avait, d'un commun accord avec l'ennemi, cessé toute hostilité.

et à la Justice, le 57e était cruellement éprouvé. La circulation dans la ville, aux abords de la place d'armes et de l'église, devenait presque impossible. Par nos déserteurs, l'ennemi avait été renseigné sur la position de la fonderie de projectiles, qui suppléait tant bien que mal à la pénurie des approvisionnements. Mais le bâtiment, défilé par le rempart et les casernes, n'était accessible qu'aux bombes ou au tir fortement plongeant des gros obus de Bavilliers. L'ennemi s'acharna en vain sur cette fonderie, à laquelle il accordait, parmi les ressources de la défense, une importance qu'elle n'avait guère.

Une perte plus sensible que la ruine de la fonderie elle-même fut celle de M. Choulette, ingénieur des mines à Vesoul, et qui, avec une ardeur sans égale, avait mis au service de la défense toutes les ressources de son esprit inventif, toute son infatigable activité. Notre cité se souvient encore de ce pâle et énergique jeune homme qui, au lendemain du désastre de Reichshoffen, fut des premiers à réclamer la levée en masse et l'armement des citoyens valides. Au rebours de tant d'autres qui avaient fait sonner leur patriotisme dans des discours emphatiques et des démonstrations passionnées, il était parti sans bruit pour le poste du danger véritable; il y rencontra la mort, alors que la France entière se reposait sur la foi de l'armistice. Illustre exemple donné à cette partie de la jeunesse française qui oublia devant l'envahisseur le plus grand des devoirs, et sut, en profitant des exemptions légales, par une désertion à peine déguisée, se soustraire aux fatigues de la campagne, et conserver, pour les jouissances d'une position brillante ou d'une grande fortune, sa précieuse existence !

Cependant les bruits de la capitulation de Paris et de l'armistice se répandaient dans la place, grâce à l'ennemi lui-même, qui savait, par toutes sortes d'adroites manœuvres, nous apprendre les nouvelles désastreuses. Billets et journaux apportés aux avant-postes, prisonniers volontaires renseignés sur nos défaites, courriers soudoyés traversant les lignes, rien ne fut négligé pour exploiter l'influence démoralisatrice que l'inqualifiable convention du 28 septembre ne pouvait manquer d'exercer sur nos âmes.

La stupeur fut grande parmi nous lorsque notre triste sort se révéla tout entier dans sa réalité désespérante. Belfort était seul à soutenir la lutte : comme on avait compté sans nous pour conclure l'armistice, il devenait par trop évident qu'on ferait la paix sans nous et contre nous. Si tel devait être le sort de la France, si le salut de la patrie était à ce prix, nous ne devions ni ne voulions nous plaindre. Mais confusément on sentait que nous étions les victimes d'un guet-apens diplomatique ; le minotaure réclamait une hécatombe : le gouvernement de Paris nous choisit pour victimes.

Ce rôle, tout honorable qu'il pouvait paraître, ne fut accepté volontairement par personne. On était outré, indigné de voir la dernière position militaire de la France, celle qui avait soutenu le plus longtemps et avec éclat le choc de l'ennemi, livrée d'un cœur léger et comme trahie par un négociateur maladroit. Sous la menace immédiate des opérations du siége, sous l'influence désastreuse des événements extérieurs, le colonel Denfert changea subitement d'allures et de langage. Lui qui, jusqu'à ce jour, n'avait qu'à contre-cœur admis dans la place les parlementaires de l'ennemi, lui qui, par une raideur excessive, avait fait avorter la généreuse démarche des Suisses en faveur de la population inoffensive, lui qui n'avait agi sur l'esprit des troupes que par la sévérité et les menaces, va couvrir la route de Roppe de ses négociateurs, offrir d'abriter les prisonniers ennemis si Treskow consent au départ des enfants et des femmes, et parler aux soldats de citations et de récompenses s'ils veulent bien jusqu'au bout verser leur sang pour la plus grande gloire du gouverneur et de sa défense.

Arrivé à ce point de notre histoire, que raconterai-je que tout le monde ne connaisse déjà ? Le départ de M. Chatel pour Bâle et les négociations avortées pour nous comprendre dans l'armistice ; l'évacuation des Perches et la prise de possession par l'ennemi de ces deux ouvrages ; la rage de l'assiégeant qui grandit avec ses succès ; ses efforts pour amener une capitulation militaire avant que les diplomates eussent fixé notre sort. Ce fut durant ces heures terribles, alors que, abandonnée de l'univers entier, seule debout sur les ruines de la France, elle allait crouler elle-même avec tout le reste, que la garnison de Belfort témoigna de sa supériorité morale.

Tous les stimulants qui d'ordinaire soutiennent le courage de l'homme en face de la mort s'étaient évanouis l'un après l'autre,

L'amour de la patrie? Mais nous savions la France vaincue, écrasée sans ressource; tout autour de nous les armes étaient tombées des mains de nos frères, et dans un morne abattement le pays attendait les conditions du vainqueur.

L'espoir de vaincre? L'ennemi venait d'occuper la redoutable position des Perches; à une portée de fusil de la ville, du Château et des Barres, nous voyions sortir de terre les batteries formidables qui, prenant nos défenses d'écharpe et de revers, plongeant dans les enceintes de la citadelle et dans les rues de la ville, pouvaient en moins de trois jours nous réduire à néant.

La gloire? Il ne nous restait que celle de mourir. Qu'importe au soldat obscur, en répandant son sang, ce peu de fumée et d'encens qu'on promet à sa mémoire? Ne sait-il pas d'ailleurs que la gloire est pour ceux qui survivent, pour ces généraux fortunés à qui le règlement défend d'exposer leurs jours?

Et cependant chez le plus grand nombre le courage se maintint à la hauteur des circonstances. Grâce aux rudes épreuves que, depuis trois mois entiers, nous avions traversées, le sentiment du devoir, de l'honneur militaire, avait envahi les cœurs au point d'en exclure tout autre sentiment. Le gouverneur nous demandait de rester à notre poste; il le demandait au nom de l'Alsace sacrifiée, dont nous gardions ce faible lambeau; il le demandait au nom de notre honneur, qui ne pouvait pas, après tant d'efforts, subir la flétrissure universelle des capitulations. Aussi, grande fut l'indignation chez les cœurs fortement trempés lorsqu'on apprit qu'à la gare certaines troupes refusaient le service, et menaçaient, devant une attaque, de mettre la crosse en l'air. Ceux-là mêmes qui, dans les temps heureux, avaient fait sonner bien haut leur facile bravoure, furent dans ces angoisses suprêmes les premiers à fléchir et à se démoraliser.

Mais l'histoire rendra ce témoignage aux mobiles de la Haute-Saône que jusqu'au bout ils surent, sans murmurer et sans se plaindre, rester au poste qui leur était confié et y mourir. Sur plus de 80 déserteurs qui passèrent à l'ennemi dans ces derniers jours, un seul appartient à la Haute-Saône; il s'appelle Ch....., et faisait partie de la 1re compagnie du 1er bataillon.

En revanche, nos blessés et nos morts étaient nombreux ; nous n'en citerons qu'un seul, le plus sympathique et le plus brave, qui fut frappé à l'avant-poste de Bellevue, et mourut des suites de sa blessure.

Le sergent Pidoz, de la 4e compagnie du 4e bataillon (Port-sur-Saône), s'était enrôlé, au premier temps du siége, dans la compagnie des éclaireurs de Prinsac. A Essert et dans le Mont il avait, par son calme et son intrépidité, mérité une citation spéciale. Plusieurs fois proposé au grade d'officier, et toujours en seconde ligne, grâce à d'intrigantes manœuvres qui en substituaient de moins méritants, il partagea à Bellevue tous les dangers et toutes les fatigues de ce poste exceptionnel. Le 13 février, à cinq heures du soir, au moment où, dans le cimetière des Juifs, il commandait le service de nuit, une heure avant la cessation du feu, une balle de rempart lui fracassa le poignet. Il fallut l'amputer ; nous le vîmes le surlendemain, et lui annonçâmes que le gouverneur l'avait proposé pour la croix ; le bonheur de cette nouvelle lui fit oublier sa main perdue ; mais quelques jours après, la fièvre putride, qui nous enlevait 95 blessés sur 100, nous tuait aussi celui-là.

En face de ces souffrances et de ces sacrifices de la garnison, que faisait le gouverneur ? Plus que jamais confiné dans son impénétrable casemate de la porte de Brisach, il attendait le résultat des négociations engagées à Bâle pour nous faire comprendre dans le bienfait de l'armistice. Plein d'illusions encore, du moins dans ses discours et ses proclamations destinées aux troupes, il comptait les jours possibles de notre résistance, bien décidé d'ailleurs à la pousser au terme extrême.

Dieu nous garde de répéter, après quelques journalistes d'élection, le reproche tant de fois articulé à Belfort : « Pourquoi n'est-il pas sorti de sa casemate ? » Nous connaissons les dispositions des règlements à cet égard, et dans leur généralité nous les approuvons. Il n'est pas prudent que le commandant responsable d'une place s'expose à la mort comme le premier venu, puisque sa mort peut, en certains cas, entraîner la chute de la place. Mais, au point où nous en étions arrivés du siége, la vie ou la mort du gouverneur n'en pouvait changer l'issue.

Nous regrettons pour notre part que le colonel Denfert n'ait pas profité de ces derniers jours pour faire taire les bruits qui couraient par la ville et les forts, et ôter tout prétexte aux murmures qu'excitait chez les troupes sa persistance à rester invisible.

Le général Trochu, qui assume la responsabilité de tant de fautes militaires, eut du moins le mérite de payer, dans les cas difficiles, de sa précieuse personne. Durant le bombardement du plateau d'Avron, et plus tard pendant celui des forts, il affecta de se porter aux points les plus menacés, pensant sans doute que l'exemple donné par le chef supérieur est le meilleur moyen d'inspirer et de soutenir le courage des troupes.

Le colonel Denfert en jugea autrement : l'opinion publique de la ville non moins que de la garnison ne le lui a pas pardonné encore.

Le 13 février, à six heures du soir, les forts, par un ordre exprès de la place, ouvraient sur les Perches un feu violent qui contrastait avec le silence des jours précédents. Le gouverneur songeait-il, par une résolution désespérée, à dépenser cette nuit-là la faible réserve de projectiles qui nous restait encore? Tout le monde approuvait le procédé : on sentait que le terme de la lutte d'artillerie était arrivé; bientôt ce serait à coup de fusils et de mitraille qu'on allait repousser l'assaillant. Puisqu'enfin nos négociateurs restaient muets, puisque le Gouvernement de la défense nationale, impuissant vis-à-vis des exigences prussiennes, nous condamnait à succomber à notre tour, l'ennemi devait du moins chèrement payer l'acharnement qu'il avait mis à nous accabler.

Tout à coup le feu des batteries prussiennes qui répondaient aux nôtres se réduit au silence. Quelle peut bien être la raison d'un événement aussi extraordinaire?

Deux parlementaires prussiens s'étaient successivement présentés à nos avant-postes. Le premier apportait la menace de changer la ville en un monceau de ruines, dans le cas où la lutte se prolongerait. Ce n'était pas chose difficile. Une centaine de bombes lancées du haut des Perches, et les maisons percées à jour ensevelissaient sous les décombres les habitants réfugiés dans les caves.

Le second nous communiquait une dépêche où le comte de Bismark, de la part du Gouvernement français, nous apprenait que nous pouvions cesser la résistance, et, à des conditions honorables, céder la place aux assiégeants.

Nous traduisons une correspondance allemande adressée le 14 février à la *Gazette de Cologne :*

« Hier soir, au moment où nos travailleurs entraient en ligne pour commencer leurs cheminements sur le versant des Perches qui regarde la ville, une rumeur subite traverse les rangs avec la rapidité de l'éclair : « Belfort va capituler. » Cette rumeur se fondait sur ce que l'artillerie avait reçu l'ordre d'interrompre son feu, hors le cas d'une sortie ; sur ce que le capitaine d'état-major de Schulzendorff avait été aperçu au grand galop de son cheval entre Danjoutin et le quartier général de Bourogne. A six heures, le feu de la forteresse s'éteignit tout à coup. Mais l'étonnement de nos travailleurs fut grand lorsque, peu d'instants après, l'artillerie de la place recommença avec la dernière vivacité son feu bien ajusté contre la crête des Perches. Aucun ordre ne nous arrivant d'ailleurs, il fallut organiser le travail. Sous un feu violent, lentement et avec précaution — car il n'était pas facile, surtout dans l'obscurité, de se garer de Bellevue et de la Justice (1), — on plaça les longues files de travailleurs ; on se proposait, durant la nuit, d'arriver, en cheminant, jusqu'au milieu de la pente (2). Les lignes noires se détachaient distinctement sur la neige ; grande fut la stupéfaction des officiers du génie qui conduisaient ce service lorsque le feu, dirigé jusqu'alors sur la crête des hauteurs au lieu de viser la pente, s'arrêta tout à coup vers neuf heures, avant que nos dispositions de travail fussent achevées entièrement. Et voilà que, dans l'intérieur de la forteresse, dans les forts et par les rues, on aperçoit des mouvements de lumières, on entend des bruits de voitures et des commandements à pleine voix... Le bruit devient de plus en plus distinct. Des cris et des chants, des exclamations de joie arrivent à nos oreilles. Les rumeurs de capitulation ont donc quelque fondement sérieux ! Les hommes qui, durant le feu, avaient creusé la terre avec une fiévreuse rapidité pour se mettre à couvert, sont transportés tout à

[1] Le correspondant de la *Gazette de Cologne* se trompe ; le feu de la Justice était en ce moment complétement éteint, et Bellevue tirait à peine ; la canonnade partait surtout du Château et des Barres.

[2] Ce détail est à noter ; dans la nuit même du 13 février, les pionniers allemands allaient ouvrir la tranchée contre le Château, sans qu'on s'en aperçût dans la place.

coup de joie et d'espérance ; ils demeurent immobiles, sans voix, appuyés sur leurs pelles et leurs pioches, prêtant une oreille ravie aux bruits de la ville et cherchant à en deviner le sens.. A quatre heures du matin le travail fut décommandé : l'armistice était conclu. Au sommet des Perches, les batteries étaient prêtes à tirer ; mais la première salve devait être un signal de joie et de salut, répercutant de montagne en montagne l'heureux message de la paix. »

Cette joie de l'ennemi, nous la concevons sans peine : il était parvenu au terme de ses efforts ; il entrait triomphant dans cette ville qu'il assiégeait depuis plus de cent jours déjà, qu'il canonnait avec fureur depuis deux mois et demi. La diplomatie lui épargnait le dernier effort, le plus sanglant et le plus terrible.

Mais ces cris d'allégresse qui remplissaient la ville étaient-ils bien en situation de la part d'un vaincu ? Car, hélas ! nous l'étions ; nous allions quitter ces murs arrosés du sang de nos camarades, ces remparts témoins de nos souffrances, ces rochers ébréchés et meurtris, mais formidables encore. Nous allions quitter cette ville que nous aimions parce que nous y avions souffert, et nous ne savions pas si l'avenir la conserverait à la France. Nous ne savions pas si un jour, en toute liberté, il nous serait permis de visiter ces lieux remplis du martyre de nos frères, consacrés par leur mort et nos ineffables misères.

Pour qui le lendemain, rempli de ces patriotiques pensées, s'avisait de parcourir la ville, un triste et désolant spectacle serrait le cœur. Qu'étaient-ce que les ruines matérielles qui s'offraient au regard auprès de cette grande ruine morale qu'attestaient sur un grand nombre de visages la joie et la plus brillante allégresse? On ne heurtait partout que personnages inconnus jusqu'à ce jour; officiers galonnés d'or, armés jusqu'aux dents, que les périls du bombardement avaient depuis deux mois calfeutrés dans les caves; malades problématiques subitement rendus à la santé par la fin du péril; héros d'estaminet et de casemate, le revolver à la ceinture, le képi sur l'oreille, se félicitant l'un l'autre des gloires de cette défense dont ils s'attribuaient la plus large part. Un brave officier du 84e de ligne, qu'au retour de cette excursion nous rencontrâmes au bas du fort des Barres, et à qui nous communiquâmes nos réflexions, rebroussa chemin les larmes aux yeux. Le dernier acte du funèbre drame qui commença à Reichshoffen touchait à sa fin; la France était définitivement vaincue, écrasée, avilie; l'antique Némésis, qui punit comme un crime le bonheur des nations et des individus, semblait redescendue dans les destinées du monde, et précipitait dans un abîme d'amertumes cette France qui avait écrasé l'univers sous le poids de sa gloire.

Le 17 février commença le défilé des troupes, qui sortaient de la ville par colonnes de 1,500 hommes. Le colonel Denfert, grave et muet, passait devant nos rangs; l'aspect de la garnison était lamentable ; les hommes, pâles et amaigris, couverts de haillons et de vermine, rappelaient ces sublimes combattants de Mayence et de Gênes, dont ils avaient égalé les souffrances et la gloire.

Le 18, l'armée prussienne faisait son entrée triomphale dans les murs (1). Nos canons français du Château et des Barres, par une salve de réjouissance, annonçaient au monde la fin de cette triste campagne. L'écho nous en arriva sur les hauteurs du Lomont, que nous franchissions à cette heure. Un dernier serrement de cœur nous apprit que tout était fini désormais. Pendant dix jours nous dûmes traverser les rangs du vainqueur, et constater sur notre passage, avec les épaves du naufrage de Bourbaki, les sinistres traces de l'invasion.

A Pont-d'Ain, le 4e bataillon de la Haute-Saône rencontra le

---

[1] Voici la traduction de l'ordre du jour adressé par Treskow au corps de siége ; nous le croyons indispensable à l'intelligence complète de cette histoire :

« Je remercie du fond de l'âme MM. les généraux, officiers et soldats de l'abnégation et de la persévérance avec lesquelles ils se sont acquittés de la tâche que leur a confiée Sa Majesté Impériale. C'est une rude époque que nous avons passée ensemble sous les murs de Belfort, pleine de périls, d'épreuves et de privations, mais riche en heureux résultats. Une petite troupe de 8,000 combattants, mais qui, par une marche rapide et hardie, est apparue à l'adversaire comme une armée de 60 à 100,000 hommes, a conquis dans une course audacieuse toute la Haute-Alsace, en a chassé un ennemi beaucoup plus nombreux, et renfermé dans la fière citadelle de Belfort 17,000 combattants français. Pendant des semaines entières vous vous êtes laissé canonner sans défense, et, malgré ce feu meurtrier d'artillerie, vous avez barré le chemin à une infanterie supérieure en nombre partout où elle cherchait à se frayer un passage. Pendant plusieurs mois vous avez non seulement maintenu l'ennemi dans la place de Belfort, mais encore si bien intimidé l'adversaire établi sur l'autre rive du Doubs, éloigné à peine d'une journée de marche, qu'il n'a pas osé en venir à un combat décisif.

premier poste français : c'étaient des chasseurs d'Afrique. Que Dieu le leur pardonne ! Ils ne surent voir dans cette troupe héroïque qui défila devant eux que ses haillons et sa misère ; ils affectèrent de nous couvrir de mépris et de dédain ; peu s'en fallut que des rixes n'eussent ensanglanté notre première étape sur le sol de la patrie française. Enfin Grenoble nous reçut dans ses murs ; cantonnés dans la fertile vallée du Grésivaudan, au pied des Alpes, dont la calme majesté contrastait avec les orages de la veille, comblés des prévenances d'une population enthousiaste et patriotique, il nous fut donné pendant trois semaines de goûter un repos devenu trop nécessaire.

Le 25 mars nous ramena sans armes dans notre malheureux département, inondé de nos ennemis. Si quelque chose put nous consoler de nous retrouver côte à côte avec eux, ce fut la haute estime qu'ils témoignèrent à leurs adversaires de Belfort,

Lorsque plus tard l'ennemi se réunit en masses plus considérables, vous l'avez, par petites bandes, attaqué avec tant d'audace et si bien tenu en respect, que jusqu'à l'arrivée de notre corps d'armée il s'est tenu à distance. Votre ardeur, votre travail ont fortifié les positions où, avec S. E. M. de Werder, vous vous êtes battus en partie, tandis que les autres ont contraint l'assiégé à se renfermer dans ses murs. Avec une obéissance aveugle vous avez en ces jours-là suivi mon ordre : « Chacun restera à son poste, arrive que pourra ; » vous l'avez exécuté surtout lorsque l'ennemi, sur vos derrières, s'acharnait contre les troupes du corps d'armée. Dans les combats de chaque jour vous vous êtes montrés soldats intrépides. Vous avez pas à pas conquis le terrain de cette forteresse imprenable. Ce n'est pas pendant des heures, mais pendant des journées entières que vous avez contre l'ennemi soutenu la lutte. Vous avez la gloire non pas seulement d'avoir conquis Belfort, mais de l'avoir victorieusement défendu contre les Français du dehors. C'est avec une rare abnégation que vous avez construit les parallèles et les batteries, que vous vous y êtes maintenus, combattant contre l'ennemi non moins que contre les éléments ; et celui-là seul qui vous a vus à l'œuvre comme moi peut estimer la mesure de vos efforts... etc. »

bien différents en cela des soldats de parade que nous avions rencontrés sur notre route.

Nos mobiles furent lents à se remettre de leurs souffrances et de leur épuisement. Le passage subit de toutes les privations à un bien-être relatif en a tué un grand nombre ; d'autres conservent et garderont toujours le germe des maladies contractées durant ce rigoureux hiver. Mais nul d'entr'eux n'a regretté ces temps d'épreuves et de luttes sanglantes ; les rares mutilés qui ont échappé à la mort et sont revenus parmi nous montrent avec orgueil leurs blessures ; tout autour de nous les vêtements de deuil et les larmes des mères nous rappellent nos nombreux martyrs ; ceux qui survivent, instruits par les rudes leçons de cette campagne mémorable, sauront au jour du péril apporter à la patrie l'expérience acquise et ce calme mépris de la mort que pendant trois mois entiers ils ont regardée en face sans faiblir.

Aujourd'hui le département de la Haute-Saône est devenu frontière ; par le honteux traité du 28 mars, l'Alsace, arrachée de Belfort, est tombée aux mains du vainqueur ; la cité que nous avons eu l'honneur de défendre, et qui est restée française contre toute espérance, semble, par sa situation géographique, revenir à notre département. Nous la réclamons pour une époque qu'il est au pouvoir de la France de rendre courte. Si par les leçons de cette triste campagne nous savons préparer l'avenir, si les âmes vides de patriotisme savent apprendre qu'il est un bien au-dessus de l'existence aisée et facile, l'honneur,

Belfort ne restera pas longtemps uni à la Franche-Comté. Comme il a été le dernier à succomber dans la lutte, il sera le premier à tenter la revanche. Réunis au pied de ses murailles, les enfants de la Haute-Saône retrouveront de pieux souvenirs, et, fidèles à leur passé, verseront leur sang pour la régénération de la patrie, comme ils l'ont versé pour sa défense.

ÉPILOGUE.

—

Ce livre entrepris sous les auspices de ceux d'entre nous qui sont tombés à Belfort, nous ne pouvons mieux le terminer que par un dernier hommage rendu à leur mémoire.

Sanglant mais glorieux souvenir ! près de 400 des nôtres sont enterrés au pied de la forteresse qu'ils ont vaillamment défendue, ou près des villages dont ils ont disputé à l'ennemi la possession. Un nombre presque égal de blessés sont revenus dans leurs foyers (1). Quel est le département de France dont la mobile ait payé à la patrie un pareil tribut ? La Haute-Saône peut être fière, à juste titre, de la part que ses enfants ont prise à la défense nationale ; l'auteur de ce livre est fier d'avoir été choisi par ses compagnons d'armes pour pré-

[1] Voir la note II, page 270.

senter au public notre défense. En présence de ces chiffres, plus éloquents que les plus beaux discours, il est à peine concevable que cette défense fût devenue nécessaire.

Restituer au siége de Belfort sa physionomie véritable, venger un corps considérable de la garnison des injustices officielles et des calomnies jalouses, réduire à sa juste valeur le pompeux témoignage que se sont décerné à eux-mêmes les héros officiels du siége, tel a été notre but.

Mais ceux qui ne verraient dans ce livre qu'une récrimination intéressée contre le gouverneur de Belfort, qu'un plaidoyer intempestif fait pour désenchanter l'opinion d'un rêve de victoire parmi tant de défaites, auraient bien mal compris les intentions de l'auteur.

Au-dessus de la réputation de notre département, au-dessus des illusions de la foule, se place l'impitoyable vérité de l'histoire, l'intérêt de la patrie et de son avenir militaire. Flatter davantage ces illusions qui, consolant les vaincus, les abusent sur le caractère de certaines victoires, tendrait à perpétuer nos désastres en dissimulant leur cause. Ayons la franchise d'en convenir; là même où nous avons remporté un semblant de triomphe, nous avons été inférieurs à nos adversaires.

S'ensuit-il, comme on le répète sur tous les tons depuis nos premiers désastres, que la France soit dégénérée de son passé, corrompue dans sa moelle, démoralisée et perdue sans ressources? Tout au contraire.

Par les craintes que manifestent nos vainqueurs pour l'avenir, par le regret qui les dévore de ne pas nous avoir écrasés davantage, par les garanties politiques et militaires dont ils s'entourent au lendemain de leurs triomphes, ils répondent eux-mêmes à ces insinuations de décadence qu'ils ont les premiers semées dans l'opinion.

Après la chute de l'Empire et la dislocation de ses forces militaires, la proclamation de la République, ressuscitant les trompeux souvenirs d'un autre âge, fit prévaloir les idées de levée en masse et de soldats citoyens. Il semblait que le seul nom de République dût faire sortir de terre des armées de héros et des généraux de génie.

Mais lorsqu'on s'aperçut que ces troupes levées à la hâte, ces chefs providentiels que tirait subitement de l'obscurité la contrainte des circonstances, étaient battus ni plus ni moins que leurs devanciers de l'Empire, on les critiqua à leur tour, d'autant plus vivement qu'on en avait tout d'abord espéré davantage. Chacun, au gré de ses sympathies, se réserva d'accabler, qui les soldats de l'Empire traités de *prétoriens* (1), qui les milices de la République qu'on appela lâches et indisciplinées.

Aujourd'hui que le temps a apaisé les rancunes personnelles, l'étendue et la généralité de nos désastres nous auront rendu le triste service de clore la série des récriminations et des accusations réciproques. Les uns sont forcés de reconnaître

[1] Voir la préface de l'ouvrage de MM. Thiers et de La Laurencie. Cette préface, adressée par M. Denfert à Gambetta, insiste vivement sur cette qualification infligée aux officiers de l'Empire avec une injustice si évidente, d'ailleurs, qu'il est à peine nécessaire de la faire remarquer au lecteur.

que les armées de l'Empire, écrasées sous le nombre, ont étonné le monde par l'héroïsme de leurs combats malheureux. Les autres pardonneront aux armées républicaines d'avoir manqué d'une cohésion et d'une discipline qu'elles n'eurent pas le temps d'acquérir.

A l'historien impartial qui étudie le passé au profit de l'avenir la France apparaît aussi vivace, aussi grande dans ses défaites qu'elle le fut jamais au temps des plus grandes victoires. Pour peu d'ailleurs que nous portions nos vues plus haut, et que nous contemplions la vie des nations à travers les âges, nous rapporterons de cette étude une conviction plus fortifiante encore.

C'est que les désastres d'un peuple libre marquent le renouvellement de son génie et de sa force, tandis que les grandes victoires militaires sont le prélude de l'abaissement et de la décadence.

Lorsque Annibal, après la bataille de Cannes, où 50,000 Romains avaient jonché la terre, heurtait aux portes de la cité éternelle, la République puisait dans ses défaites mêmes des siècles de grandeur et de virilité. Quand Auguste, maître de l'univers, faisait fermer le temple de Janus, l'excès de la puissance et l'enivrement du triomphe présageaient la chute à courte échéance.

FIN.

NOTE I.

Peut-être le lecteur est-il curieux de connaître les sources où nous avons puisé cette histoire, si différente de celles qui ont paru jusqu'à ce jour.

1° Nous citerons en première ligne nos impressions et nos souvenirs recueillis au jour le jour; puis les notes que nos camarades se sont empressés de mettre à notre disposition; les rapports de quelques chefs de corps, et tous les documents officiels consignés dans les cahiers d'ordres et de rapports du régiment et de la garnison.

2° Un volumineux et consciencieux journal de M. le colonel Fournier, du 57ᵉ provisoire. Ce travail considérable, tant par l'autorité de l'auteur que par l'exactitude des renseignements, nous a rendu de grands services; nous en remercions publiquement l'éminent officier qui nous l'a communiqué.

3° Les ouvrages parus avant le nôtre, et qui, on l'avouera, nous ont été d'un médiocre secours.

4° Les renseignements pris sur les lieux mêmes, notamment dans les villages de la ligne d'investissement : mais ceux-là sous toute réserve et soigneusement contrôlés.

5° Enfin les rapports de l'état-major allemand, les correspondances des journaux et les histoires de la campagne, publiés par nos ennemis ; en première ligne, l'ouvrage en trois volumes de K. Winterfeld, le plus complet et le plus intéressant ; celui du colonel fédéral de Rustow, l'illustre auteur de la *Campagne de Bohême,* si impartial et si véridique.

NOTE II.

Les chiffres officiels de nos pertes sont :

Morts. — Officiers...........................   7

    dont 5 tués à l'ennemi ou morts de leurs bles-
sures.

Sous-officiers et soldats.   367

    dont 93 tués à l'ennemi ou morts de leurs bles-
sures.

Disparus   261

    dont 75 tués à l'ennemi et enterrés sans consta-
tation civile. (Ce sont les morts de Grosmagny et
de Bessoncourt pour la plupart.)

Blessés. — Officiers.........................   13

Sous-officiers et soldats.....................

Ce dernier chiffre n'a pu être établi encore avec certitude,
quelques commandants de compagnie ayant négligé de faire
établir les certificats d'origine de blessures.

Nous n'avons pu de même nous procurer l'état des hommes
blessés au service de l'artillerie. Approximativement nous
portons le nombre total de nos blessés de 350 à 400.

Les officiers tués sont :

MM. Lanoir, chef de bataillon ; Morel, Perret, de Nerbonne (1) et Guillet, capitaines.

Les officiers blessés sont :

MM. Grillot, Barret et Corne, du 1er bataillon ;

MM. Dubost, Gaildraud, Frahier, Pelissier, Py et Simonin, du 2e bataillon ;

M. Hutz, du 3e bataillon ;

MM. Dubois, Maussire et de Scey, du 4e bataillon.

[1] Nous regrettons vivement de n'avoir pu nous procurer le portrait du capitaine de Nerbonne, tué à Bessoncourt. S'il y a lieu, l'édition suivante comblera cette lacune.

Constitution des cadres d'officiers du 57e régiment provisoire et du 4e bataillon de la Haute-Saône après le siége de Belfort.

ÉTAT-MAJOR.

MM. Fournier, F., O ✻, lieutenant-colonel commandant les trois premiers bataillons (57e régiment provisoire).
Borne, F., capitaine-major.
Clerget, Ch., capitaine-trésorier.
Trousson, E.-P.-L., ✻, capitaine d'habillement.
Vogin, F., sous-lieutenant, officier payeur.
Faivre, F. (médaille militaire), sergent secrétaire, garde-magasin.

1er Bataillon du 57e régiment provisoire.

Petitguyot, J.-B.-H., chef de bataillon.
Roy, T.-E., aide-major.
Colinet, J.-N., adjudant sous-officier.

1re COMPAGNIE. — *Canton d'Autrey.*

Champreux, L.-Ch., capitaine.
Barret, J.-G., ✻, lieutenant.
Guelaud, R.-E., sous-lieutenant.

2e COMPAGNIE. — *Canton de Champlitte.*

Richard, M.-P., capitaine.
Gourmet, Ch.-F., lieutenant.
Nédey, F., sous-lieutenant.

3e COMPAGNIE. — *Canton de Dampierre.*

Poulnot, F., O ✳, capitaine.
Mariotte, M.-A., lieutenant.
Chaussat, A., sous-lieutenant.

4e COMPAGNIE. — *Canton de Fresne-Saint-Mamès.*

Février, P.-B.-V., capitaine.
Boffy, V., lieutenant.
Masson, Ch.-A.-P., sous-lieutenant.

5e COMPAGNIE. — *Canton de Gray.*

Gauthier, Ch.-B., O ✳., capitaine.
Vuillemot, J.-P., lieutenant.
Julien, Ch., sous-lieutenant.

6e COMPAGNIE. — *Canton de Gy.*

Priolet, N.-E., capitaine.
Buchet, E -M.-D., lieutenant.
Guibaudet, F.-J.-L., sous-lieutenant.

7e COMPAGNIE. — *Canton de Marnay.*

Devevey, L., capitaine.
Doyen de Trevillers, J.-M., lieutenant.
Arbeltier, T.-L., sous-lieutenant.

8e COMPAGNIE. — *Canton de Pesmes.*

Lélut, E., capitaine.
Robinet, P.-A.-L., lieutenant.
Dornier, J.-F.-R., sous-lieutenant.

2ᵉ Bataillon du 57ᵉ régiment provisoire.

Lang, M., chef de bataillon.
Simonin, E.-A.-M., aide-major.
Sirguey, P.-F.-M., adjudant sous-officier.

1ʳᵉ COMPAGNIE. — *Canton de Champagney.*

Frahier, F.-V., capitaine.
Blanc, F.-C., lieutenant.
Jacquet, F.-J., sous-lieutenant.

2ᵉ COMPAGNIE. — *Canton d'Héricourt.*

Dayet, E., capitaine.
Bretegnier, E.-L., lieutenant
Thibon, H., sous-lieutenant.

3ᵉ COMPAGNIE. — *Canton d'Héricourt.*

Desgranges, A.-P., capitaine.
Dubost, S., lieutenant.
Gaildraud, P., ✳, sous-lieutenant.

4ᵉ COMPAGNIE. — *Canton de Lure.*

Hardouin, J., capitaine.
Audon, A., lieutenant.
Vitrey, Cl.-J., sous-lieutenant.

5ᵉ COMPAGNIE. — *Canton de Melisey.*

Mathey, L., capitaine.
De Tholomaise de Prinsac, L.-A., ✳, lieutenant.
Gigogne, J.-A. (médaille militaire), sous-lieutenant.

6e Compagnie. — *Canton de Melisey*.

Sallot, Ch.-A., capitaine.
Priquet, L.-F., lieutenant.
Mathey, T., sous-lieutenant.

7e Compagnie. — *Canton de Villersexel*.

Dessirier, A.-J., ✳, capitaine.
Calligé, V., lieutenant.
Raveney, A., sous-lieutenant.

8e Compagnie. — *Canton de Villersexel*.

Mazoyhié, A., capitaine.
Nardin, Ch.-F., lieutenant.
Jobard, A.-P., ✳, sous-lieutenant.

3e et dernier bataillon du 57e régiment provisoire.

Suchet, C., ✳, chef de bataillon.
Larché, H.-E.-T., aide-major.
Grangier, J., adjudant sous-officier.

1re Compagnie. — *Canton de Faucogney*.

Wehrlin, E., capitaine.
Pélissier, G.-M., lieutenant.
Henry, F -A., sous-lieutenant.

2e Compagnie. — *Canton de Saint-Loup*.

Parcheminey, H.-A., capitaine.
Rappart, J.-V., lieutenant.

3e Compagnie. — *Canton de Saint-Loup.*

Ferry, J.-J.-B., capitaine.
Desplans, P., lieutenant.
Hutz, F.-M., ✻, sous-lieutenant.

4e Compagnie. — *Canton de Luxeuil.*

Cardot, M.-F.-J.-G., capitaine.
Borson, L.-F.-A., lieutenant.
Luzet, A., sous-lieutenant.

5e Compagnie. — *Canton de Saulx.*

Dessirier, J.-A., capitaine.
Simonin, A., lieutenant.
Bedon, P.-M., sous-lieutenant.

6e Compagnie. — *Canton de Vauvillers.*

Louet, J.-J.-H., capitaine.
Fertey, M.-L., lieutenant.
Robert, F.-X.-A., sous-lieutenant.

7e Compagnie. — *Canton d'Amance.*

Gercet, J.-Ch. (médaille militaire), capitaine.
Corne, J.-J., lieutenant.
Thivet, E.-A., sous-lieutenant.

8e Compagnie. — *Canton de Jussey.*

Questel, F.-A., ✻, capitaine.
Vuillemot, A.-A., lieutenant.
Perron, J.-F.-E., sous-lieutenant.

4e Bataillon.

Chabaud, L.-M., O ✳, chef de bataillon commandant le
4e bataillon.
Huguet, J.-A., aide-major.
Perchant, P., adjudant sous-officier.

1re Compagnie. — *Canton de Combeaufontaine.*

Poutot, Cl.-J., ✳, capitaine.
Julien, P.-M., lieutenant.
Viney, C.-A.-F., sous-lieutenant.

2e Compagnie. — *Canton de Montbozon.*

Dubois, M.-B -P., capitaine.
Remy, G.-E., lieutenant.
Dutrulles, P.-F., sous-lieutenant.

3e Compagnie. — *Canton de Noroy-le-Bourg.*

Fachard, H.-E.-J., capitaine.
Ebaudy de Rochetaillée, R., ✳, lieutenant.
Villeret, A.-F., sous-lieutenant.

4e Compagnie. — *Canton de Port-sur-Saône.*

Calley, P.-V., capitaine.
Hild, J.-A., lieutenant.
Maussire, E., sous-lieutenant.

5e Compagnie. — *Cantons de Rioz et de Scey-sur-Saône.*

De Beauséjour, H.-A., capitaine.
Février, F.-E., lieutenant.
De Scey-Brun, P.-M.-L., sous-lieutenant.

6ᵉ Compagnie. — *Canton de Vesoul* (banlieue).

Blass, L.-A., capitaine.
Maillot, G.-A., lieutenant.
Roussel, J.-B.-F., ✳, sous-lieutenant.

7ᵉ Compagnie. — *Canton de Vesoul* (ville).

Tisserand, E., O ✳, capitaine.
Clerc, J.-B., lieutenant.
Lamboley, sous-lieutenant.

8ᵉ Compagnie. — *Canton de Vitrey.*

Berger, R., capitaine.
Thérion, E., lieutenant.
Lyautey, H., sous-lieutenant.

OFFICIERS HORS CADRES PLACÉS A LA SUITE.

Grillot, J., ✳, capitaine.
Jouart, J.-M., capitaine.
Grillon, E.-L.-J., sous-lieutenant.
Fichet, P.-E., ✳, capitaine.
Galmiche, R., capitaine.
Jacquot, P.-E., ✳, capitaine.
Demandre, G.-Ch., capitaine.
Aimez, Ch.-F., lieutenant.

Tableau des officiers, sous-officiers et soldats de la Haute-Saône qui ont obtenu des récompenses après le siége de Belfort.

Décret du 18 avril 1871.

LÉGION-D'HONNEUR.

OFFICIERS.

MM. Gauthier, C.-B., capitaine.
Poulnot, F., capitaine.
Tisserand, E., capitaine.

CHEVALIERS.

Suchet, C., chef de bataillon.
De Tholomaise de Prinsac, L.-A.-S., lieutenant.
Ebaudy de Rochetaillée, R., lieutenant.·
Jobard, A.-P., sous-lieutenant.
Hutz, F.-M., sous-lieutenant.
Roussel, J.-B.-F., sous-lieutenant.
Mignard, P., sergent instructeur.

MÉDAILLE MILITAIRE.

Ougier, A., sergent-major.
Meyer, A., sergent-major.
Tunis, L., sergent.
Millotte, F., sergent.
Tessanne, H., sergent.
Pothier, S.-A., sergent.
Pothus, E., sergent.
Desgrandchamp, J. dit Emile, sergent.
Charton, A., sergent.
Loubaresse, P.-H., sergent.
Bourny, E.-C., sergent.
Henriot, P., caporal.
Magnen, C.-O., caporal.
Vauchoz, J.-S., garde mobile.
Mairerichard, C.-F., garde mobile.

Simon, J.-I., garde mobile.
Fort, J.-B., garde mobile.
Boy, E., garde mobile.
Marcoud, N., garde mobile.
Ployer, J.-B., garde mobile.
Guillot, F., garde mobile.
Mathiez, C.-H., garde mobile.
Gandy, C., garde mobile.
Lombard, A., garde mobile.
Olivier, J.-B., garde mobile.
Démoly, F.-J., garde mobile.

Décret du 1er février 1872.

LÉGION-D'HONNEUR.

CHEVALIERS.

Dessirier, J.-A., capitaine.
Grillot, J., capitaine.
Barret, J.-G., lieutenant.

MÉDAILLE MILITAIRE.

Mauclair, J.-T., garde mobile.
Garnier, J.-B., garde mobile.
Hugueney, C.-F., garde mobile.
Chaumont, H., garde mobile.
Pinot, P.-A., garde mobile.
Robert, L.-F., garde mobile.
Pillot, P.-P., garde mobile.
Horiot, L.-A., garde mobile.
Michelot, L.-A., garde mobile.
Perrinot, E., garde mobile.

Récapitulation totale.

3 officiers.
10 chevaliers.
36 médaillés.

En terminant, nous tenons à remercier publiquement du concours actif et intelligent qu'ils nous ont prêté pour ce travail, MM. les officiers du bureau de l'Etat-Major de la Haute-Saône.

M. Vogin, officier payeur, a bien voulu prendre l'initiative de la souscription qui a provoqué ce livre : par l'ardeur qu'il a mise à nous soutenir, par la sympathie intelligente et discrète qu'il nous a témoignée, il a bien mérité de tous ceux qu'intéressait notre défense. Si ce livre a quelque succès, à lui la plus large part.

ERRATA.

Page **121**, note (2), au lieu de *Voir Chap. IV, deuxième partie,*

Lire *Voir Chap. V, deuxième partie.*

Page **157**, au titre, au lieu de *Chapitre II,*
Lire *Chapitre III.*

Quant aux erreurs de faits que nous avons pu commettre, nous supplions instamment MM. les officiers de nous les signaler, pour que, le cas échéant, rectification en soit faite dans une nouvelle édition.

TABLE DES MATIÈRES.

VESOUL. — Typographie de A. Suchaux.

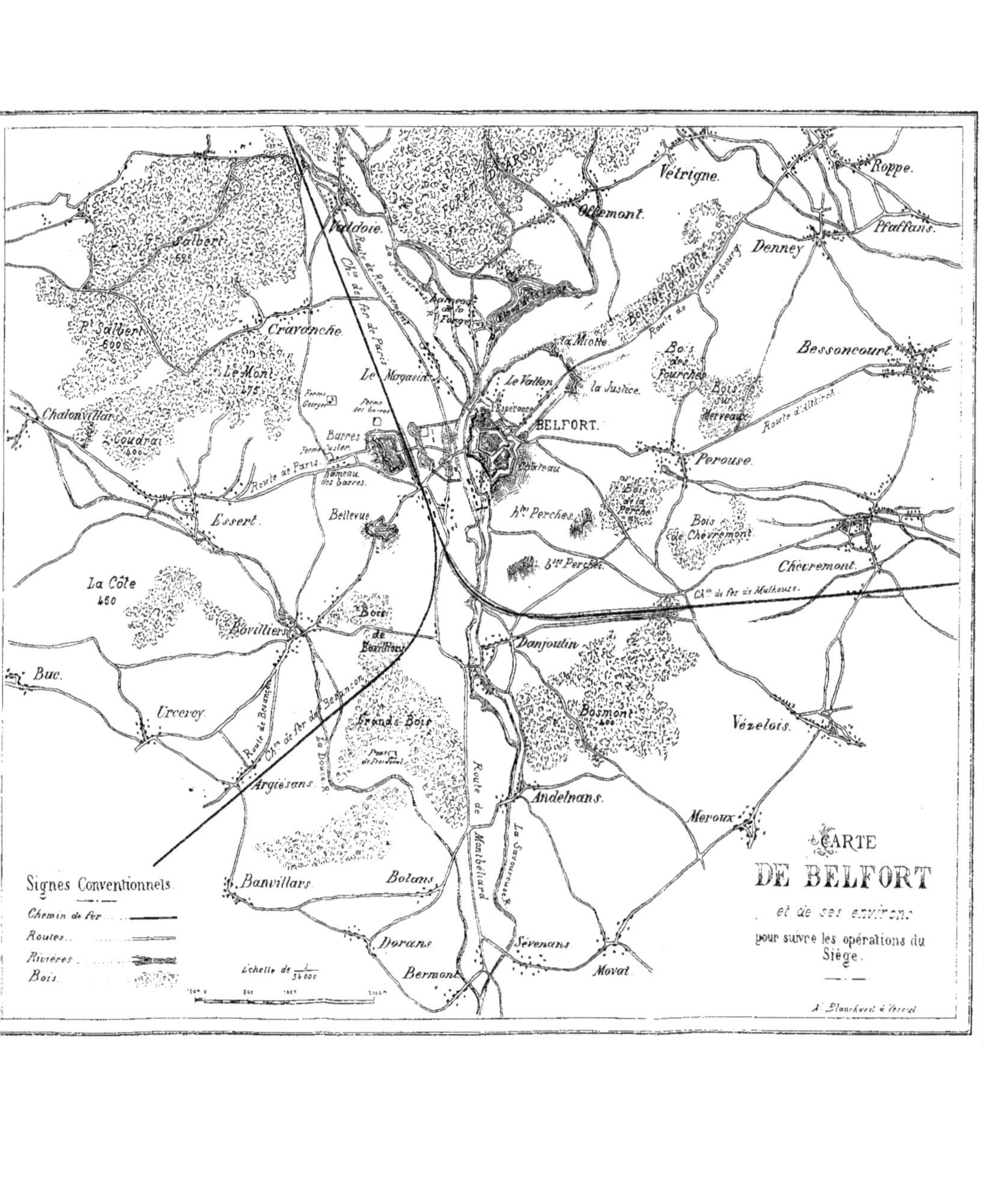

Roppe.
Vétrigne.
Ottemont.
Pfaffans.
Denney
Bessoncourt.
Valdoie.
FORÊT D'ARSOT
Bois de la Miotte
Route de Strasbourg
la Miotte
Bois de Fourche
Bois sur derveau
Gd Salbert
688
Cravanche
Le Magasin
Le Vallon
la Justice
BELFORT.
Perouse.
Pt Salbert
600
Le Mont
475
Ferme Georges
Ferme des barres
Espérance
Route d'Altkirch.
Chalonvillars
Goudrat
400
Barres
Ferme Juster
Château
Bois de la Perche
Bois de Chèvremont
Route de Paris
Hameau des barres.
Htes Perches.
Essert.
Bellevue
Chèvremont.
La Côte
450
Btes Perches.
Chn de fer de Mulhouse.
Bovilliers
Bois de Banlieu
Danjoulin
Buc.
Bosmont
400
Vézelois.
Urcerey.
Grands Bois
Andelnans.
Meroux
Argiésans
CARTE
DE BELFORT
et de ses environs
pour suivre les opérations du
Siège.
Banvillars
Botans
Dorans
Sévenans
Bermont
Movat
Signes Conventionnels.
Chemin de fer
Routes.
Rivières.
Bois.
Échelle de 1/54000
A. Blanchard à Vesoul.

[...] à l'usage des cours
[...] Vogin, officier
[...] Haute-Saône.

Galerie [...] [...] de la Haute-
Saône, par L. Suchaux, officier d'Académie, membre des
Commissions d'archéologie de la Haute-Saône et du
Doubs, etc.

La Haute-Saône. — Dictionnaire historique, topogra-
phique et statistique des Communes du département, avec
plans et dessins, par L. Suchaux.

Manuel à l'usage de l'habitant du département de la Haute-
Saône, par Ed. Thirria, inspecteur général des mines,
commandeur de l'Ordre national de la Légion-d'Honneur.